Medio Ambiente de China

Liu Junhui y Wang Jia

Traducción de Li Yan y Zhu Chao

CHINA
INTERCONTINENTAL
PRESS

图书在版编目（CIP）数据

中国环境：西班牙文 / 刘军会，王佳著；李彦，朱超译. —北京：五洲传播出版社，2011.1

ISBN 978-7-5085-2020-9

I.①中... II.①刘... ②王... ③李... ④朱... III.①环境保护－概况－中国－西班牙语 IV.①X-12

中国版本图书馆 CIP 数据核字 (2010) 第 259904 号

总 顾 问／王 晨

总 策 划／王仲伟

总 监 制／郭长建

出 版 人／李向平

主 编／吴 伟

中国环境

著 者／刘军会 王 佳

翻 译／李 彦 朱 超

责任编辑／王 峰

装帧设计／田 林 傅晓斌

制 作／北京原色印象文化艺术中心

图片提供／萧 亮 刘军会 CFP

出版发行／五洲传播出版社（北京市海淀区北三环中路 31 号生产力大楼 B 座 7 层 邮编：100088）

电 话／010-82005927, 010-82007837（发行部）

网 址／www.cicc.org.cn

承 印 者／北京画中画印刷有限公司

版 次／2011 年 1 月第 1 版第 1 次印刷

开 本／787×1092 毫米 1/16

印 张／11.25

字 数／110 千

定 价／106.00 元

Preámbulo

A través de su reforma y apertura al exterior, China ha hecho un milagro económico, promovido su poderío nacional integral y fortalecido su posición en la comunidad internacional. Como el "fervor por China" está en vigoroso desarrollo y más y más gente en el mundo está ávida por conocer y entender a China, hemos invitado a expertos y eruditos a compilar esta Colección sobre China con el deseo de facilitar a nuestros amigos extranjeros el conocimiento de los hechos básicos de nuestro país.

Los 12 libros de esta serie cubren la geografía, historia, política, economía, cultura, leyes, diplomacia, defensa nacional y sociedad de China, así como su ciencia, tecnología y educación, su medio ambiente, grupos étnicos y religiones. Estas escrituras ayudarán a los lectores a adquirir un conocimiento fundamental de China.

Es nuestro deseo que esta colección pueda ayudar a los lectores a tener una idea general sobre los diversos aspectos de China.

En primer lugar, conocer la historia y la cultura de China, ya que la historia y la cultura constituyen un fundamento y vehículo de la civilización de un país. Como una importante morfología de las civilizaciones humanas, la china es muy peculiar y una de las más antiguas civilizaciones en el mundo que se han transmitido continuamente hasta nuestros tiempos. El profundo contenido de la cultura china ha sido siempre atractivo para los pueblos del mundo.

En segundo lugar, conocer las condiciones fundamentales de China. El nuestro es el mayor país en vías de desarrollo en el mundo, que cuenta con una población numerosa, pero una base económica pobre y un desarrollo desequilibriado dentro de su vasto territorio. A la luz de estas condiciones propias, China ha emprendido su propio camino persistiendo en el desarrollo sostenible y aprendiendo de otras civilizaciones.

Por último, saber qué rumbo seguirá China en su futuro desarrollo. Bajo la dirección del Partido Comunista de China, nuestro pueblo, que concentra sus energías en el desarrollo económico y persevera en la reforma y la apertura hacia el exterior, está dedicado a la construcción de una sociedad armoniosa en el país y a la edificación de un mundo armonioso de paz duradera y prosperidad común.

Esperamos que gracias a estos libros nuestros lectores puedan iniciar un nuevo viaje de descubrimiento para entender a China.

Enero de 2010

Índice

Prólogo

El medio ambiente, hoy día se ha convertido en uno de los problemas más rigurosos al cual la humanidad se tiene que enfrentar, y que no podrá evitar, sea en cualquier rincón del planeta. Ha llegado a formarse entre toda la sociedad humana el consenso de la protección de la Tierra y el espacio de supervivencia compartido por todos los seres humanos. Gracias a los avances tecnológicos y mejoras de las fuerzas productivas sociales en el Siglo XX, los hombres han creado una civilización material nunca conocida en la historia. Al mismo tiempo, es innegable que se han hecho cada día más evidentes las cuestiones como la escasez de los recursos, la contaminación del medio ambiente, así como los daños a la ecología, constituyendo de esta forma un gran desafío que amenaza enormemente la supervivencia y el desarrollo de la humanidad. Los hombres, en el presente, se han dado cuenta de cambiar tanto la conciencia de *desafiar a la naturaleza*, como el modelo tradicional de desarrollo. Es decir, *el tratamiento viene tras la contaminación*, esforzándose por encontrar un camino de desarrollo sostenible con lo que se permita una coordinación mutua entre la población, la economía, la sociedad, el medio ambiente y los recursos.

China, el país en desarrollo más poblado del mundo, cuenta con un vasto territorio, cuyas condiciones naturales como el clima y la topografía son complicadas. Desde finales de los años 70 del Siglo XX, se viene desarrollando rápida y sostenidamente la economía china. Tanto el medio ambiente como los recursos han pasado a ser los problemas con mayor importancia que afronta China, mientras que los problemas respecto a la población y los recursos naturales ocasionan que la protección del medio ambiente de China se tenga que enfrentar a un desafío más severo.

En la actualidad, China se encuentra en una etapa de desarrollo acelerado de industrialización y urbanización, etapa en la que se contraponen evidentemente el desarrollo económico y la protección del medio ambiente. Desde los años 80 del siglo pasado, como consecuencia del crecimiento demográfico y la sobreexplotación, se ha desencadenado el deterioro ecológico como: la erosión del suelo, la degradación de los pastizales, la desertificación y la desaparición de

La Montaña Yutai, pertenece a Xiuwu, distrito de la Provincia de Henan, fue uno de los primeros parajes incluidos en la lista de geoparques mundiales de la UNESCO, donde la gente puede disfrutar del ecoturismo.

la diversificación de los seres vivos. En algunas zonas de la actual China, el volumen de emisión de las principales sustancias contaminantes, sobrepasan la capacidad de soporte del medio ambiente. La contaminación del agua, tierra y suelo es grave, y se ha agudizado la contaminación de residuos sólidos, gases de vehículos motorizados y substancias orgánicas duraderas. Además, la mencionada tendencia está extendiéndose desde la zona urbana hasta el campo, desde el este hasta el oeste del país. Eso se atribuye tanto a la influencia de las actividades económicas y tensiones demográficas

sobre el entorno ecológico como a la del cambio climático y el efecto invernadero en el ámbito global.

Ya en el año 1972, conociendo la importancia de la protección del entorno ecológico, la Delegación china enviada por el Gobierno chino asistió a la 1° Conferencia de las Naciones Unidas sobre el Medio Humano, que tuvo lugar en Estocolmo, Suecia. Desde que se aplicó la Reforma y la Apertura en 1978, como un país de desarrollo con alta responsabilidad, China siempre ha concedido gran importancia a la protección medioambiental y su construcción, dejando establecida ésa como política básica del Estado. Por lo tanto, junto con gobiernos y pueblos del mundo, China ha tomado una serie de medidas estratégicas importantes e incrementado fuerzas para la preservación y construcción del entorno ecológico, con miras a contener la tendencia del deterioro ecológico y proteger nuestro hogar, la Tierra. Cabe mencionar que en el contexto actual de la globalización, las cuestiones del medio ambiente y desarrollo de cualquier país y región se convertirán en problemas de toda la humanidad. El resolver con éxito los problemas de China al respecto se ajusta a nuestro objetivo de desarrollo, constituyendo también una manifestación de los intereses comunes de los seres humanos.

El alivio es que durante unos cuantos años, a través de los esfuerzos mancomunados del Gobierno y pueblo chinos, se ha adquirido una enorme protección en: ecosistemas de agua dulce, bosques, praderas, humedales, campos de cultivo, mares, océanos, etc. Se ha logrado una protección efectiva en lo referente a la biodiversidad y se ha registrado una notable mejora en relación a las condiciones de existencia de muchas especies en peligro (exóticas, amenazadas y en vías de extinción). Se ha desacelerado la tendencia del empeoramiento de la contaminación ambiental y del daño ecológico en China, con resultados iniciales en el control de la contaminación de cuencas hidrográficas y el mejoramiento en la calidad ambiental de las ciudades y regiones priorizadas, así como se ha reducido la intensidad de emisiones contaminantes y de los productos industriales gracias a la intensificación de la conciencia acerca de la protección medioambiental en toda la sociedad.

China persiste en llevar a cabo a gran escala la reintegración de tierras de cultivo a la silvicultura y la repoblación forestal con vistas a aumentar los sumideros de carbono (capacidad forestal de absorber y almacenar dióxido de carbono). Hasta la actualidad, China se ha transformado en el país más acelerado en lo referente al crecimiento de recursos forestales y el más grande en materia de superficie de plantaciones, ocupando alrededor de 1/3 de la supeficie mundial. Sólo desde el año 2003 hasta 2008, el área forestal ha registrado un aumento de 20,54 millones de hectáreas.

A lo largo de los últimos años, los chinos han atribuido mayor importancia al tratamiento medioambiental y la restauración ecológica en tanto que han explotado recursos, tomando una serie de medidas de protección y mejora del entorno donde reside el pueblo, como la tarea primordial de la preservación del medio ambiente, concentrando sus fuerzas en resolver los problemas de contaminación que perjudican seriamente la salud de las masas populares. China es el país con mayor esfuerzo en el ahorro energético y la reducción de emisiones contaminantes. Hasta mediados de 2009, el consumo energético por unidad del PIB (Producto Interno Bruto) disminuyó en un 13% respecto a los niveles de 2005, lo que equivale a una reducción de 800 millones de toneladas de dióxido de carbono. Esta es la contribución hecha por China a la industria de la protección del entorno ecológico mundial.

China también es el país con el crecimiento de energías nuevas y renovables más rápido. Basándose en la protección de la ecología, China desarrolla en orden la energía hidráulica, desenvolviendo con la energía nuclear, fomentando y apoyando las zonas rurales y áreas remotas adecuadas para desarrollar las energías de biomasa, solar, geotérmica y. eólica, así como otras energías renovables. En cuanto a los siguientes indicadores: la capacidad instalada de energía hidroeléctrica, la envergadura de la energía nuclear en construcción, la superficie de colección térmica del calentador solar de agua y la capacidad fotovoltaica de generación de electricidad, China se encuentra en el primer lugar del mundo.

A través del establececimiento de una serie de leyes y reglamentos que atañen a la protección ambiental y aplicando medidas concretas al respecto, han surgido resultados notables para potenciar la administración del medio ambiente de acuerdo con la ley China. Nuestro país es el pionero entre los países en vías de desarrollo en poner en práctica el *Programa Nacional de Respuesta al Cambio Climático*. China ha formulado y revisado sucesivamente la *Ley de Ahorro Energético*, la *Ley de las Energías Renovables, la Ley de Fomento de la Economía de Reciclaje, la Ley de Fomento de la Producción Limpia, la Ley de Silvicultura,* la *Ley de Praticultura, Reglamentos del Ahorro Energético en las Construcciones Civiles*, y muchas otros leyes y reglamentos que se toman como medidas para responder al cambio medioambiental y climático.

Desde el año 2005, el Gobierno chino ha planteado de manera explícita orientar el desarrollo económico y social en su conjunto con una concepción científica del desarrollo: colocar el ahorro de recursos y la protección del medio ambiente como políticas estatales básicas y llevarlas a cabo, así como desarrollar la economía de reciclaje, preservar el entorno ecológico, y acelerar la construcción de una sociedad economizadora de recursos amigable con el medio ambiente, fomentando la armonía entre el hombre y la Naturaleza, espíritu que ya se ha puesto de manifiesto en toda su plenitud en el XI Plan Quinquenal de Desarrollo Económico y Social de la República Popular China. A la luz del objetivo de la edificación integral de la sociedad modestamente acomodada en el XVII

El día 7 de diciembre de 2009 se inauguró la Conferencia de las Naciones Unidas sobre Cambio Climático en Copenhague, Capital de Dinamarca.

Congreso Nacional de 2007, el Partido Comunista de China ha impuesto al desarrollo chino una exigencia todavía más alta, cuya parte más importante es fomentar la civilización en lo ecológico, dando forma básica a estructuras sectoriales, modos de crecimiento y modalidades del consumo que permitan ahorrar energía y recursos, y proteger el entorno ecológico. La economía circular alcanzará una escala considerable y el peso específico de las energías renovables aumentará de manera evidente. Las principales emisiones y descargas contaminantes estarán bajo control efectivo y se mejorará visiblemente la calidad del entorno ecológico. Se enraizará sólidamente en toda la sociedad el concepto de la civilización en lo ecológico y todo ello reforzará aún más las ideas gobernantes de "la consideración del ser humano como lo primordial" y "la convivencia en armonía entre el hombre y la Naturaleza".

China está intensificando la materialización de los "tres cambios": primero, cambiar el procedimiento de conceder mayor importancia al crecimiento económico en detrimento de la protección medioambiental, para otorgar igual peso a ambos; segundo, cambiar el atraso de la protección medioambiental respecto al desarrollo económico para dar paso a la sincronización entre la protección medioambiental y el desarrollo económico; tercero, cambiar la protección medioambiental mediante métodos administrativos, en procura de una solución a los problemas ambientales mediante la utilización integral de las medidas jurídicas, económicas, técnicas y métodos administrativos necesarios. China persiste en el desarrollo ahorrador, con seguridad y limpieza, con el fin de materializar el desarrollo sostenible, lo que significa que en China está creándose un nuevo concepto de desarrollo social, un nuevo modelo de producción y una nueva forma de vida, y este cambio se produce con la premisa de la participación masiva y profunda de toda la sociedad. En la actual China, se ha elevado en general la conciencia social sobre la protección medioambiental y se ha ampliado y profundizado la participación de las masas en la protección del medio ambiente. Las ONGs (organizaciones no gubernamentales) han llegado a ser una fuerza importante en generalizar la educación ambiental y promover la participación del público en la protección del entorno ecológico.

El proteger el medio ambiente de forma correcta supondrá ganar mañana. La Conferencia de las Naciones Unidas sobre Cambio Climático en Copenhague celebrada a finales de 2009 ha llamado la atención internacional, en la que a pesar de que existían numerosas divergencias, se ha demostrado que no se alterará la tendencia general de obrar al unísono para proteger en conjunto el hogar de toda la humanidad: la Tierra. Aprovechando esta ocasión, el Gobierno chino ha reiterado sus objetivos de que hasta 2020, las emisiones de dióxido carbono por unidad de PIB disminuirá en un 40%-50% en comparación con los niveles de 2005. Ese es un compromiso solemne contraído por el pueblo chino, quien está plenamente convencido cabalmente de ganar este desafío futuro aunque se le presenten dificultades en muchos casos.

Desarrollo de la causa de la protección medioambiental en China

La causa de la protección medioambiental en China se inició a principios de los años 70 del Siglo XX. Tras una duración de 40 años de desarrollo, en China viene formándose gradualmente un sistema de política de la protección medioambiental con peculiaridades chinas. Por el presente, China tiene como política básica del Estado ahorrar recursos, desarrollar la economía de reciclaje, preservar el entorno ecológico, así como acelerar la construcción de la sociedad economizadora de recursos y amigable con el medio ambiente. Desde el principio, China ya estrecha su causa de la protección medioambiental con la internacional, y persiste en desplegar vigorosamente la colaboración internacional de tal tema.

Camino de la Protección Medioambiental en China

Desde las décadas de los años 50 hasta 70 del siglo pasado, en algunos países desarrollados comenzaron a llamar la atención los problemas de la contaminación del medio ambiente, cuyos peligros los empezó a entender la gente tras experimentar eventos tales como la "Niebla de Londres" y la enfermedad de Minamata en Japón. Aunque en aquel entonces China estaba poco desarrollada, algunos dirigentes y personajes se han dado cuenta de la importancia en este aspecto.

A principios de diciembre de 1970, el primer ministro chino Zhou Enlai se reunió con invitados japoneses, al informarse de la situación al respecto por parte de un reportero especial que cubrió exclusivamente la contaminación japonesa y pidió a éste que explicara a técnicos, científicos y personal administrativo chinos, la protección medioambiental. Aunque en aquel entonces el tema parecía un concepto nuevo, fue interpretado por la mayoría de los chinos el tema de la limpieza, el tratamiento de residuos y tales cosas.

● Enlace de información

Caso de la enfermedad de Minamata en Japón

Esta enfermedad tiene su origen en Minamata, una pequeña aldea pesquera hallada al este de la Bahía Minamata, Prefectura de Kumamoto de Japón. En 1925, unas compañías petroquímicas japonesas establecieron plantas aquí, se dedicaron a fabricar fertilizantes nitrogenados con catalizadores que contenían mercurio, y vertieron las aguas residuales en la Bahía. En 1956, se había diagnosticado una extraña enfermedad local, cuyos síntomas eran: pronunciación trapajosa, andanza dificultosa, deterioro de los sentidos de la vista y el oído, alteración sensorial de las manos y los pies, en casos extremos enajenación mental y muerte. Esta enfermedad se desarrolló a causa de un envenenamiento por una gran cantidad de Mercurio contenida en las aguas residuales averiguando más adelante que había sido producido por empresas petroquímicas japonesas que vertían Mercurio en la Bahía, perjudicando gravemente la salud y el bienestar de las familias locales. Hasta 2006 se habían diagnosticado 2.265 casos de la enfermedad de Minamata, y la mayoría de ellos han muerto.

En 1972, la 1º Conferencia de las Naciones Unidas sobre el Medio Humano se celebró en Estocolmo, Suecia. Aún estando en un momento clave, el Gobierno chino decidió enviar una delegación de más de 40 personas a participar en la conferencia, la cual ha sido sin duda alguna una iluminación de largo alcance. La gente empezó a tomar conciencia que la protección del medio ambiente no es sobre fenómenos casuales y ocurridos solamente en pocas áreas sino un problema internacional, directamente relacionado con el desarrollo social.

En agosto de 1973, intervenida personalmente por Zhou Enlai, Beijing celebró la 1º Conferencia de la Protección del Medio Ambiente Chino. De ahí que hubo un comienzo difícil por la causa al respecto. En esta sesión se dejó claro que en China existían problemas medioambientales relativamente graves. En lo posterior se trataron sucesivamente los problemas más vehementes por resolver de las masas populares, entre ellos, el tratamiento de la contaminación de las aguas del Embalse Guanting en la Municipalidad de Beijing, Baiyangdian en la

Provincia de Beijing y del río Lijiang en la Ciudad de Guilin, así como el control de la contaminación atmosférica en Ciudades de Shenyang y Taiyuan, entre otras.

La Ciudad de Guangxi cuenta con paisajes hermosos. Según un dicho popular: "el paisaje de Guilin es el mejor bajo el cielo". Sin embargo, en la década de los años 70, se establecieron a orillas del río Li muchas fábricas, las cuales vertían gran cantidad de aguas residuales al río, convirtiéndolo limpio en contaminado. Deng Xiaoping, que regresó de trabajar en octubre de 1973 señaló que sin el tratamiento correcto del río Li, los méritos no llegarían a pesar más que sus errores, no importa cuán rápido se desarrollara la producción industrial y agrícola, ni cuán espectacular se realizara la construcción de obras públicas. De acuerdo con ello, China lanzó una actividad de administración. Se cerraron 36 plantas con problemas por contaminantes a riberas del río Li en dos años, haciendo de esta forma que el río recuperara su fisonomía verde y olas claras. Este es el primer logro importante que hizo China en materia de protección del medio ambiente. A través de ésto, los chinos empezaron a darse cuenta de que la economía se debía desarrollar en armonía con el medio ambiente, y que el desarrollo no se lograría a expensas del entorno ecológico.

En mayo de 1974, en China se estableció el primer instituto a nivel nacional que aborda el medio ambiente: el Grupo Dirigente de Protección del Medio Ambiente del Consejo de Estado, el cual elaboró políticas, reglamentos y disposiciones y otras normas encaminadas al control de la contaminación medioambiental. En 1975, los chinos formularon el objetivo de la materialización del "control en 5 años y la resolución básica en 10 años" respecto a los problemas de la contaminación medioambiental. Obviamente, la gente no conocía cabalmente lo complejo y lo arduo que es el trabajo de la preservación del entorno ecológico.

Desde la aplicación de la política de la Reforma y la Apertura en 1979, la economía de China logró un acelerado desarrollo. Al mismo tiempo, la causa de la protección medioambiental de este país también avanzó hacia una nueva era. En el mismo año, se aprobó la *Ley de la Protección Medioambiental en etapa experimental*. Siendo la primera ley en este terreno, su publicación supone que la protección del medio ambiente en China ha tomado un rumbo hacia la normalización y la legalización.

A lo largo de los años 80 del siglo XX, China ha avanzado por el camino de la protección del medio ambiente explorando incesantemente peculiaridades propias. En 1983, China reorganizó la Comisión del Medio Ambiente del Consejo

El río Li de Guilin de la Provincia es famoso por su paisaje pintoresco, en Guangxi.

del Estado, sustituyéndola con la Agencia de la Protección Medioambiental que emitió una serie de políticas y regímenes respecto a la protección medioambiental y publicó importantes decisiones. A finales de 1983, China celebró la 2º Conferencia Nacional de la Protección del Medio Ambiente, en la que se dejó establecida como una política básica del Estado la protección medioambiental. Esta última ha pasado a estar paulatinamente en el consenso de toda la sociedad. En los años 80 del siglo pasado, levantándose oleadas de la reforma y la apertura y renovándose constantemente la construcción económica, desde el Gobierno central hasta municipalidades locales, establecieron instituciones de la gestión relativamente fuerte en el medio ambiente, y éstos organismos ejercieron controles con eficacia sobre el entorno ecológico. No se puede decir menos que fue un milagro, ya que en las condiciones del duplicado crecimiento económico, la calidad medioambiental de China se mantuvo en el mismo nivel a principios de los años 80, y hasta las situaciones del medio ambiente de algunas zonas mejoraron en alguna medida.

En 1989, China celebró la 3º Conferencia Nacional de la Protección del Medio Ambiente, en la que se propuso "explorar con toda fuerza un camino de protección medioambiental con peculiaridades chinas". En diciembre del mismo año, China promulgó oficialmente *la Ley de la Protección del Medio Ambiente*, y se cuentan justamente 10 años desde la aplicación de la versión experimental. Durante este período, este país tenía que enfrentarse a la gran presión que le dejó un enorme número de su inmensa población. Por otra parte, se venía agravando el conflicto entre la modernización y la contaminación medioambiental y el daño ecológico. Basándose en eso, China planteó que había que abandonar el viejo camino de posponer el tratamiento a la contaminación elegido por los países desarrollados, coordinando la construcción económica y la protección medioambiental con miras a garantizar la protección medioambiental por medio de la primera y promoviendo la primera con la ayuda de la última. Al mismo tiempo, China desplegó una serie de construcciones respecto a la teoría de la protección medioambiental, políticas y regímenes, la administración jurídica, así como el sistema de gestión, llegando poco a poco a formar y optimizar el sistema de la protección del medio ambiente con peculiaridades chinas. Junto con ello, en este país también se llevaron a cabo tratamientos de la contaminación a gran escala sobre la línea industrial y en ciudades con el objetivo de frenar el empeoramiento brusco de las condiciones medioambientales en toda China.

Desde finales de los años 70 hasta principios de los 90, basada en la práctica de la protección medioambiental, China venía delineando gradualmente las tres políticas en materia del medio ambiente, a saber: "Poner la Prevención en Primer Lugar, que ocupa el lugar de partida básica sobre el cual parte el medio ambiente de China; Combinar la Prevención y el Tratamiento e Integrar el Tratamiento", "Quien Contamina Será Responsable de Tratar lo Polucionado", junto con "la Intensificación del Control Medioambiental". Conforme a esta ideología medioambiental, China elaboró muchos regímenes al respecto para proteger el medio ambiente, abarcando el régimen de evaluación del impacto ambiental, el de cobro por emisiones contaminantes, el de valoración cuantitativa en el mejoramiento integral del medio urbano, el del permiso de emisiones contaminantes, el del tratamiento en el plazo fijado, el del control centralizado de la contaminación, entre otros. Así como promulgó una serie de disposiciones y medidas complementarias concretas, las cuales en conjunto constituían un sistema de gestión medioambiental relativamente completo. Durante esta época, China también promovía vigorosamente la construcción

Una fábrica de carbón de Huaibei en la Provincia de Anhui se encuentra en el proceso de producción completamente cerrado para evitar contaminaciones de ruido y polvo, etc.

de la administración jurídica, publicando sucesivamente: *Ley del Medio Ambiente, Ley de Prevención y Tratamiento de la Contaminación Atmosférica, Ley de Prevención y Tratamiento de la Contaminación del Agua y Ley de la Protección del Medio Marino.* En total 4 leyes para gestionar la contaminación, gran número de leyes sobre la protección de recursos, más cientos de reglamentos administrativos y disposiciones locales. En 1988, se creó en este país la Administración Estatal de Protección Medioambiental que es responsable del trabajo de supervisión.

En 1992, se empezó a aplicar el régimen de economía de mercado socialista en China, y este fue el primer salto cualitativo dado por la política de la reforma y la apertura. En el mismo año, tuvo lugar en Río de Janeiro, en Brasil, la Conferencia de las Naciones Unidas sobre el Medio Ambiente y el Desarrollo Humano, en la cual el Gobierno chino mandó una nutrida delegación para que asistiera. Siendo un gran país en desarrollo, hizo contribuciones significativas a la exitosa celebración de esta conferencia, en la que uno de los pioneros y fundadores de la causa de la protección medioambiental de China, Geping Qu, fue galardonado con el "Premio Ambiental Sasakawa Internacional", así que la causa de la protección medioambiental en China logró el reconocimiento y la apreciación de la comunidad internacional.

Más tarde, China elaboró y aprobó en marzo de 1994 *el Libro Blanco sobre la Población, Medio Ambiente y Desarrollo de China en el Siglo XXI, Agenda de China en el Siglo XXI,* poniendo la estrategia del desarrollo sostenible como la línea rectora para guiar el desarrollo prolongado del país. En 1997, China ascendió la importancia del "desarrollo sostenible" hasta la estrategia nacional de desarrollo, de modo que la protección del medio ambiente en China avanzara a una flamante etapa del desarrollo y fortalecimiento. Es decir, ésta se transformó desde el puro tratamiento de la contaminación hasta la gestión integral del medio ambiente y la construcción ecológica.

En cuanto al tratamiento de la contaminación, aparte del control general en diversas regiones de todo el país, China puso el énfasis en la gestión de la contaminación de los ríos y lagos más caudalosos como los ríos Huai, Huai, Liao, Tai, el estanque Dian y el lago Cao, iniciando al mismo tiempo el tratamiento de la contaminación de la atmósfera y de la Bahía Bo. Solamente en el año 1996, China prohibió, cerró y detuvo la producción de cerca de 60 mil empresas con problemas graves de contaminación, y este acto se realizó sin precedentes. La proporción que ocupa la inversión de la protección medioambiental en China se venía incrementando año tras año, llegando gradualmente al nivel invertido

Geping Qu, uno de los pioneros y fundadores de la causa de la protección medioambiental de China, actual Presidente de la Fundación China para la Protección del Medio Ambiente.

● Enlace de Información

Los 10 personajes que han hecho contribuciones a la protección medioambiental de China durante los 30 años de la reforma y la apertura.

Geping Qu (Primer Director de la Administración Estatal de la Protección Medioambiental y Consejero del Comité del Medio Ambiente y los Recursos del Congreso Nacional del Pueblo).

Yue Pan (Viceministro del Departamento Nacional de la Protección Medioambiental).

Congjie Liang (Presidente de la Asociación de Amigos de la Naturaleza).

Jun Ma (Director del Instituto de Asuntos Públicos y Medioambientales de China, que ha desarrollado la primera Base de Datos pública sobre la Contaminación del Agua).

Canfa Wang (Profesor de la Universidad de Ciencia Política y Derecho de China y Fundador del Centro de Asistencia Jurídica a Víctimas de la Contaminación en dicha Universidad, CLAPV en inglés).

Shaozhong Du (Secretario Adjunto y Vice-Director del Comité Municipal del Partido de Beijing).

Yongchen Wang (Periodista de CHINA NATIONAL RADIO y Fundador de Grupos No Gubernamentales del Ámbito Medioambiental "Green Earth Volunteers").

Xiyang Tang (Fundador de College Green Camp y famoso Escritor en la protección del medio ambiente).

Suonandajie (Fundadora del Centro de la Reserva Natural Nacional de Hoh Xil y la primera mártir por proteger animales salvajes con el cargo de Secretaria del Comité Distrital del Partido).

Xiaoyi Liao (Fundador y Director del Centro de la Cultura Medioambiental Global Village Beijing).

Fuente: www.people.com.cn

por los países desarrollados. Durante el "X Plan Quinquenal" (años 2001-2005), la inversión de la protección medioambiental superó los 700 mil millones de yuanes, de ello, la inversión de 2004 representaba el 1,4% del PIB de este año. Mientras en el "XI Plan Quinquenal" (años 2006-2010), la inversión en este ámbito se duplicaría y se espera que alcance 1.375 billónes de yuanes, el 1,6% del PIB del mismo período.

Respecto a la construcción ecológica, En China se estuvieron poniendo en práctica las políticas del acordonamiento

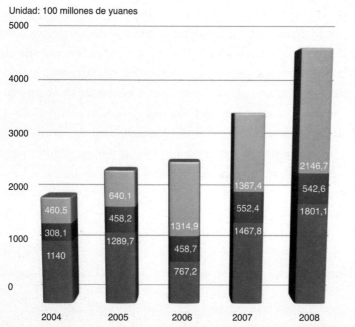

Unidad: 100 millones de yuanes

Inversiones en la protección del medio ambiente del nuevo proyecto "Tres Simultáneos".

Inversiones en el control de la contaminación industrial.

Inversiones en la construcción de las infraestructuras medioambientales urbanas.

Fuente: *Boletín Estadística Nacional del Medio Ambiente* publicado en los últimos años por la Administración Estatal de Protección Medioambiental (SEPA).

Diagrama de las Inversiones Nacionales del Tratamiento de la Contaminación Medioambiental durante los años 2004-2008.

de las laderas para facilitar la reforestación, la devolución de tierras de cultivo a la silvicultura, el reintegro de tierras de pastoreo a la praticultura, el cede de tierras de cultivo a regiones lacustres, así como el regreso de tierras agrícolas a la ganadería y otras medidas políticas; y se inició el Proyecto de Protección de Bosques Naturales. En los cursos superiores del río Yangtze y el río Amarillo se desplegó la conservación del agua y el suelo; en las zonas ecológicas frágiles del Norte se creó a gran escala el sistema de franjas forestales protectoras para construir de tal modo una magnífica Gran Muralla verde. En lo referente a la protección de los recursos, China aplicó medidas estrictas en la protección de las tierras agrícolas para garantizar el equilibrio dinámico de las tierras de cultivo. Para las aguas costeras, se adoptó por lo general el régimen de descanso de la pesca con el fin de proteger los recursos pesqueros marinos. En materia de la protección de los recursos minerales, se ordenaron y rectificaron grandes cantidades de minas pequeñas que contaban con equipos de tecnología atrasada, quedando muy dañado su entorno ecológico, y se llevó a cabo activamente la utilización integral de los residuos sólidos y el reciclado de los materiales de desecho. En términos generales, el ambiente ecológico de China se encontraba en un período de recuperación activa.

Al construir el sistema jurídico del medio ambiente y la protección de recursos y persistir en aplicar las leyes ambientales de modo estricto, China ha movilizado en mayor

Excelentes Pastos de la Pradera Hulunbeir de Mongolia Interior de China.

medida al público en general a la causa de la protección medioambiental, así como desplegado a plenitud la supervisión a través de la opinión pública respecto a la protección del medio ambiente y de los recursos. Desde 1993, China lanzó una campaña de difusión con la denominación de "Protección Medioambiental del Nuevo Siglo en China", la mayoría de cuyos miembros han sido medios de comunicación del país, efectuando investigaciones e informes entorno a un tema específico cada año. Por medio del mejoramiento continuo, se ha producido poco a poco un cambio del tema de esta campaña en lo que va desde la vigilancia del caso singular hasta la difusión acerca de la legislación alrededor del colectivo y la supervisión, y desde la exposición de la contaminación medioambiental y la relación de daños ecológicos hasta el estudio con mayor profundidad sobre la protección medioambiental y temas pioneros al respecto. Se podría descubrir el camino arduo y fructífero por lo que recorrió la causa de la protección del medio ambiente en China desde la evolución del tema de este evento: desde "Protección Medioambiental del Nuevo Siglo en China" hasta "Lucha por la Contaminación del Medio Ambiente" en 1993, "Que ame nuestro Río Amarillo" en 1999, "Ahorrar recursos y proteger el Medio Ambiente" en 2008 y "Dejar que la Gente Respire Aires Frescos" para el año siguiente. La campaña de "Protección Medioambiental del Nuevo Siglo en China" desempeñó un papel sumamente importante en promover la legislación medioambiental, impulsar la participación pública en la protección del medio ambiente, así como llevar adelante la construcción de la civilización ecológica.

En 2005, *la Propuesta de Elaborar XI Plan Quinquenal de Desarrollo Económico y Social de la República Popular China del Partido Comunista de China*, planteó aplicar plenamente la concepción científica del desarrollo y acelerar debidamente los modos del crecimiento económico, a saber: "colocar el

Julio de 2005, reporteros de la Protección Medioambiental del Nuevo Siglo en China están entrevistando la situación contaminante en el Embalse Danjiangkou en la Provincia de Hubei.

ahorro de los recursos y la protección del medio ambiente como políticas estatales básicas y llevarlas a cabo, así como desarrollar la economía circular, preservar el entorno ecológico y acelerar la construcción de una sociedad economizadora de recursos amigable con el medio ambiente, fomentando la armonía entre el hombre y la Naturaleza. Promover la informalización de la economía y la sociedad nacional, seguir concienzudamente el nuevo camino de industrialización y persistir en el desarrollo ahorrador, con seguridad y limpieza, con el fin de materializar el desarrollo sostenible, espíritu que se ha puesto de manifiesto en toda su plenitud en *el XI Plan Quinquenal de Desarrollo Económico y Social de la República Popular China*. En 2007, durante el XVII Congreso Nacional del Partido Comunista de China se agregó "el cambio de modo de crecimiento y modalidades del consumo", se elevaron a un nivel sin precedentes "el tratamiento de la contaminación medioambiental" y "la restauración ecológica", y lograron un reforzamiento las líneas gobernantes de "la consideración del ser humano como lo primordial" y "la convivencia en armonía entre el hombre y la Naturaleza". China ha optado por un modelo de desarrollo de la economía circular, captando lo crucial y lo esencial del problema del medio ambiente. El buque de la causa de la protección del medio ambiente de China navegaría por esta dirección, llegando poco a poco al mejoramiento y eliminación de los problemas al respecto al promover el desarrollo económico y social.

Para China, 2008 es un año nada ordinario, e incluso conmovedor. A pesar de ello, los éxitos logrados en la lucha contra las catástrofes naturales como el Terremoto de Wen-chuan y la garantía de la calidad ambiental de los Juegos Olímpicos, han dejado una impresión espectacular a todo el mundo. Más concretamente, frente al Gran Terremoto de Wenchuan, China concluyó con éxito el difícil trabajo de respuesta de emergencia contra los grandes desastres naturales. Durante los Juegos Olímpicos de Beijing, la calidad del aire de esta ciudad llegó a un nivel más elevado en comparación con el mismo período en los últimos 10 años: no sólo la calidad del aire está mejor cada día, sino que también de estos, 10 días se clasificaron como excelentes.

Agencias de Protección Ambiental y Leyes del Medio Ambiente

En 1973, China celebró su primera reunión de la protección del medio ambiente, tomó en consideración el primer documento ambiental de China y lo aprobó: *Disposiciones sobre la Protección y el Mejoramiento del Medio Ambiente*. Se estableció posteriormente a la reunión, el Grupo Dirigente de Protección del Medio Ambiente del Consejo de Estado y su Oficina, que es el primer instituto al respecto en China. Durante los siguientes 30 años, se han producido muchos cambios en las autoridades ambientales de China con el reforzamiento de sus funciones de gestión.

En 1982, el Consejo de Estado abolió el Grupo Dirigente de Protección del Medio Ambiente del Consejo de Estado y su Oficina, estableciendo la Administración de Protección del Medio Ambiente subordinada al Departamento de Construcción Urbana y Rural y Protección del Medio Ambiente. Sin embargo, en la práctica, resultó difícil coordinar trabajos entre éste, y otros departamentos y trabajos locales. En 1984, se fundó la Comisión del Medio Ambiente del Consejo del Estado como institución que ayudó en la organización y la coordinación para la Administración de Protección del Medio Ambiente, coadyuvando a superar los límites institucionales al respecto. En 1988, se realizó una vez más la reforma institucional en el Consejo de Estado; de ahí que la Administración de Protección Ambiental se separara del Departamento de Construcción, convirtiéndose en entidad al nivel viceministerial subordinada directamente al Consejo de Estado. Este ajuste transformó las agencias medioambientales en departamentos independientes. En 1998, el Consejo de Estado simplificó su estructura, retirando más de diez departamentos de la gestión industrial. La Administración de Protección del Medio Ambiente pasó a la Administración Nacional de Protección del Medio Ambiente, convirtiéndose en unidad a nivel ministerial subordinada directamente al Consejo de Estado, cuyas funciones se definen como la supervisión de la ejecución de leyes, abarcando áreas funcionales en el control de la contaminación, la protección ecológica, la supervisión de la seguridad nuclear y el fortalecimiento de la función del control.

En 2005, la Administración Estatal de Protección Medioambiental fortaleció sus capacidades de la aplicación de la ley y tomó una serie de iniciativas emprendedoras, provocando de esta forma una "Tormenta de la Evaluación del Medio Ambiente". Estas medidas se transformaron de inmediato en un mecanismo nuevo: ampliar las funciones y los poderes de las agencias de protección del medio ambiente a través de la "contabilidad verde del PIB" (conocido como el "PBI verde") y la "Evaluación Estratégica del Medio Ambiente". La Administración Estatal de Protección del Medio Ambiente (en inglés SEPA) y el Buró Nacional de Estadísticas de China (en inglés NBS) llevaron a cabo en forma conjunta en Beijing, Tianjin, Hebei, Liaoning, Zhejiang, Anhui, Guangdong, Hainan, Chongqing, Sichuan, en total 10 provincias y municipalidades, experimentos de la "contabilidad verde del PIB" con el contenido principal de la evaluación del medio ambiente y las pérdidas económicas de la contaminación. La "Evaluación Estratégica del Medio Ambiente" se refiere a que se evalúan los impactos sobre el medio ambiente de un proyecto, una planificación económica y una política en la etapa de decisión para materializar desde el nacimiento el control de la contaminación. En el mismo año, este instituto también efectuó sucesivamente la evaluación en el río Nu, Yalong, los cursos medio e inferior de Lancang y el río Dadu, entre otras cuencas con miras a promover con energía la evaluación en cuanto a las industrias clave de hidroelectricidad, carbón, puerto, transporte y electricidad, así como fomentar la tasación regional de la base sectorial de química y de energía.

En Marzo de 2008, la V Sesión Plenaria de la I Reunión del XI Congreso Nacional del PCCh, aprobó el programa de reforma estructural del Consejo de Estado, de ahí que la Administración Estatal de Protección del Medio Ambiente ascendiera al Departamento de Protección del Medio Ambiente. Esto significa que el Gobierno chino ha concedido importancia a la labor de protección del medio ambiente. Las funciones del Departamento de Protección del Medio Ambiente han logrado aún mayor atención y fortalecimiento. Las principales son las siguientes: elaborar y organizar la aplicación de planes, políticas y normas respecto a la protección del medio ambiente, organizar la elaboración de las

27 de marzo de 2008, la Administración Estatal de Protección del Medio Ambiente cambió el nombre al Departamento de Protección del Medio Ambiente de la República Popular China.

divisiones funcionales del entorno ecológico, supervisar y gestionar la prevención y el tratamiento del medio ambiente, así como coordinar y resolver los problemas ambientales relevantes, etc. Las funciones del Departamento se configuran hacia cuatro direcciones: la coordinación con una visión de conjunto, el control macroeconómico, la supervisión de acuerdo con la ley y el servicio público, y la participación en las macro-decisiones del Estado pasando a ser sus funciones básicas. Con el fin de materializar con éxito las funciones anteriores, el Departamento recién establecido ha de abordar muchos problemas ya existentes y de responder muchos retos como: aplicar la integración tanto horizontal de funciones, como vertical de poderes en materia del medio ambiente desde la perspectiva jurídica, construir el sistema de vigilancia del medio ambiente del intercambio de informaciones, reforzar los poderes regulatorios de los departamentos administrativos del medio ambiente, entre otros.

Al mismo tiempo que se fortalecen las funciones de las agencias del medio ambiente, la construcción de la administración de acuerdo con las leyes ambientales se va perfeccionando paulatinamente en China. Durante los años 60 y 70 del siglo pasado, los países del Oeste empezaron a perfeccionar las leyes y reglamentos en materia del medio ambiente. Mientras tanto, China comenzó a establecer su propia legislación del medio, tomando como referencia y aprendiendo de las experiencias occidentales. En *la Constitución* promulgada en el año 1978 estipula que "*El estado protege el medio ambiente y los recursos naturales, previene y trata la contaminación y otros males comunes*". Desde la aplicación de la Reforma y Apertura, en China se desarrolla con rapidez la construcción de la administración de acuerdo con las leyes del medio y de recursos. Se aprobó en China la *Ley de Protección del Medio Ambiente (en etapa experimental)*; 10 años después, en 1989, se promulgó la versión oficial, que es ley fundamental en este terreno. A lo largo de la década de los años 80 del siglo pasado y a principios del presente, China estableció sucesivamente la protección del medio ambiente y el ahorro de los recursos naturales como políticas estatales básicas, fortaleciendo constantemente la construcción del sistema jurídico para proteger el medio y los recursos. Se registraron grandes éxitos en aspectos tales como: la legislación, la ejecución y la supervisión del medio ambiente, entre otros. En palabras resumidas, el sistema jurídico del medio ambiente en China se dirigió hacia la dirección de la sistematización.

En la *Ley de Evaluación de Impacto Medioambiental* publicada en 2003 se formuló con claridad el derecho del medio ambiente y el concepto de "derechos e intereses del entorno ecológico del público", en el cual se estipula que "el Estado alienta a las unidades pertinentes, expertos y al público a participar de forma propietaria a la evaluación de impacto del medio ambiente"; "en cuanto a las planificaciones que causen efectos adversos e involucradas directamente a los derechos y intereses medioambientales del público, instituciones de elaboración de planificaciones específicas deben celebrar la demostración, las audiencias, o adoptar otras formas para consultar con unidades pertinentes, expertos y el público el bosquejo del reforme del impacto medioambiental antes de presentarlo para su aprobación". La promulgación y aplicación de esta *Ley de Evaluación de Impacto Medioambiental* es de gran significación para la conservación del entorno ecológico en China.

Además de *Ley de Protección del Medio Ambiente y la Ley de Evaluación de Impacto Medioambiental*, China elaboró sucesivamente una serie de leyes en la gestión de la contaminación, como: *Ley de Prevención y Tratamiento de la Contaminación Medioambiental de los Residuos Sólidos, Ley de Prevención y Tratamiento de la Contaminación Atmosférica, Ley de Prevención*

En la Exposición Internacional del Ahorro de Energías y la Protección del Medio Ambiente de Beijing, 2009, el personal estaba explicando la explotación y utilización de energías nuevas.

y *Tratamiento de la Contaminación del Agua, Ley de Prevención y Tratamiento de la Contaminación del Medio Marino, Ley de Prevención y Tratamiento de la Contaminación Acústica, Ley de Prevención y Tratamiento de la Contaminación Radioactiva, y* otras en la conservación de recursos naturales, como: *Ley de Protección del Agua y Suelo, Ley de Silvicultura, Ley de Praticultura, Ley de Protección de Animales Salvajes, Ley de Agricultura, Ley del Ahorro Energético y Ley de Recursos Renovables.* Además, elaboró cientos de reglamentos administrativos y disposiciones locales, y 800 normas nacionales. En la actualidad, se encuentra en el proceso de preparación la elaboración de la *Ley de Reserva Natural,* entre otras. A la luz del cambio de las condiciones nacionales, los departamentos legislativos de China revisaron a tiempo oportuno estas leyes en constante fomento de la profundización de la construcción de la administración de acuerdo con las leyes medioambientales. La construcción de la administración de acuerdo con las leyes medioambientales forma parte importante del plan de administración del país de acuerdo con la ley de China.

En el año 2008, China promulgó la *Ley de Promoción de la Economía de Reciclaje*, cuya publicación y aplicación sentó bases jurídicas más fundamentales para políticas estatales básicas de la protección del medio ambiente y del ahorro de energías, así como para la construcción de la sociedad economizadora de recursos, amigable con el medio ambiente. Esta ley incorpora a todo el proceso de producción, circulación y consumo sociales el concepto de reciclaje y utilización, lo cual no sólo ayudó a reducir efectivamente las emisiones contaminantes, descubriendo nuevos recursos para el desarrollo económico, sino también a disminuir significativamente los costes de producción de las empresas y la sociedad, mejorando el rendimiento económico.

A medida que se fueron perfeccionando las leyes ambientales, las ideologías de administración según la ley en esta materia se fueron mejorando en gran medida, y tanto el Gobierno como el público conceden mayor importancia a la preservación del medio ambiente y de recursos. En el artículo 7 de la *Ley de Prevención y Tratamiento de la Contaminación del Agua*, versión revisada por el Congreso Nacional del Partido Comunista de China en 2008, se legalizó por primera vez la "Compensación Ecológica", dejando estrechándose medidas de preservación del entorno ecológico y el mecanismo de salvaguardia de intereses. Esta ley recientemente revisada también invistió a los departamentos de protección medioambiental del derecho de decisión de gestión dentro del período específico.

Cooperación Internacional en la Protección del Medio Ambiente

Desde que en 1972 la Delegación china enviada por el Gobierno participó en la 1° Conferencia de las Naciones Unidas sobre el Medio Humano, la protección del medio ambiente

formó parte integrante importante en la protección internacional. China concedió gran importancia a la cooperación
Internacional en esferas del ahorro energético y la protección del medio ambiente, concluyendo más de 30 tratados
como: *Convención Marco de las Naciones Unidas sobre el Cambio
Climático, Protocolo de Kioto sobre el Cambio Climático, Convenio
sobre la Diversidad Biológica y Convención de las Naciones Unidas de Lucha contra la Desertificación,* cumpliendo activamente
con sus obligaciones derivadas de eso.

En 1992 se celebró la Conferencia de las Naciones Unidas
sobre el Medio Ambiente y el Desarrollo en Río de Janeiro,
Brasil, en la cual tomó parte una nutrida delegación man-
dada por China. Anterior a ésta, ministros de 41 países en
desarrollo, por invitación de China, se reunieron en Beijing
para coordinar las divergencias. En la reunión, todas las partes emitieron en conjunto *la Declaración de Beijing* y expusie-
ron sus propias posiciones y puntos de vista, lo que ejerció
una influencia de gran alcance. Durante la CNUMAD, China propuso junto con el Grupo 77 documentos de posición
y proyectos de resolución; desempeñó un gran papel de
coordinación y promoción cuando las negociaciones se encontraron en el impasse. Siendo un gran país de desarrollo,
China ha hecho contribuciones significativas a la celebración
exitosa de esta conferencia.

Tras la Conferencia, en 1994, China elaboró y aprobó *la
Agenda de la China en el Siglo XXI,* formulando al mismo
tiempo *Programas y Planes Prioritarios de la Agenda de la China
en el Siglo XXI* como respaldo. Con el apoyo y la asistencia
del Programa de las Naciones Unidas para el Desarrollo
(UNDP), se efectuó la redacción de dicha Agenda, la cual se
clasificó como proyecto oficial de cooperación entre el Gobierno chino y UNDP. Este trabajo llamó la amplia atención
de la comunidad internacional, recibiendo gran apoyo y participación de gran cantidad de organismos gubernamentales

Tuvo lugar en Beijing octubre de 2008 el 4° Foro del Medio y el Desarrollo de China (Internacional), la Federación de Medio Ambiente está firmando el "Acuerdo de Asociación Estratégica" con el Grupo del Medio Ambiente de Suez.

y organizaciones internacionales (por ejemplo, organismos de las Naciones Unidas, Banco Mundial, Banco Asiático de Desarrollo) dentro y fuera del país.

China firmó el día 11 de junio de 1992 la *Convención Marco de las Naciones Unidas sobre el Cambio Climático* aprobada en la Conferencia de Río de Janeiro. En virtud de la Convención, los países en desarrollo no se comprometían a asumir las responsabilidades de la reducción de las emisiones de gases de efecto invernadero. No obstante, todas las Partes deberían elaborar, aplicar, publicar y actualizar regularmente planes nacionales relacionados con la lucha contra el cambio climático. China es el primer país en desarrollo en elaborar e implementar el *Programa Nacional del Cambio Climático*. Como el segundo mayor emisor de dióxido de carbono, China, por una parte, vigila alerta la transferencia a escala internacional de proyectos intensivos de carbono y de alto consumo de energía al país, eleva constantemente su propio grado de verde, desarrollando tecnologías del ahorro energético y de baja contaminación por otra. Cumpliendo

El 14 de septiembre de 2009, se estaba celebrando en Beijing la Ceremonia de Inauguración del Edificio de Convenciones Medioambientales. Asistían Zhou Shengxian (centro), Director del Departamento de Protección del Medio Ambiente de China; Prestigiacomo (a la izquierda), Ministra italiana del Ministerio de Medio Ambiente; Territorio y Mar (IMELS en inglés), junto con Armagh, Presidente del el Comité Ejecutivo del Fondo Multilateral del *Protocolo de Montreal*.

una obligación importante de la Convención Marco, China publicó el *Programa Nacional de Respuesta al Cambio Climático* en mayo de 2007, concedió gran importancia al cambio climático y tomó una serie de políticas y medidas de conformidad con los requisitos de la estrategia nacional del desarrollo sostenible, haciendo contribuciones positivas a la mitigación y adaptación al cambio climático. En este Programa se dejaron en claro objetivos concretos, principios básicos, áreas prioritarias, políticas y medidas de China para abordar el cambio climático para el año 2010.

Con el incremento de la influencia china la economía y recursos internacionales, durante los últimos años, la comunidad internacional se preocupa mucho por los problemas medioambientales de China. Es verdad que afronta una serie de problemas rigurosos relativos al medio, tales como tormentas de polvo, accidentes de contaminación, desechos electrónicos y otros, pero China está esforzándose por promover la industria de la protección del medio ambiente y elevar el nivel en esta materia. Mucha gente del mundo ya se concietiza de los desafíos medioambientales, a los que se está enfrentando China y le ha mandado mejores deseos. La Revista de *la Naturaleza* de los Reinos Británicos de junio de 2005 lanzó un artículo de portada enfocando problemas medioambientales de China, titulado *Posición de China en el Mundo*, en el cual el autor dijo: "En los 20 años pasados, China ha creado un milagro económico, y esperamos que dentro de los próximo 20 años, China pueda hacer lo mismo, pero en el medio de la esfera, dando ejemplo para que otros países logren un desarrollo sostenible en lo social, económico y medioambiental, cuyo resultado no sólo afectará a China, sino también a todo el mundo".

China ha cumplido sus compromisos de celebrar una edición de las "Olimpíadas Verdes".Se puede entender que los Juegos Olímpicos de Beijing, 2008 sería el mejor regalo a la industria internacional de la protección del medio ambiente por parte de China. El Comité Organizador de Beijing para los XXIX Juegos Olímpicos (COJOB) mantuvo una actitud abierta y cooperativa hacia las organizaciones no gubernamentales tanto nacionales como internacionales. En el reforme de examen sobre el medio ambiente de Beijing emitido por el Programa de las Naciones Unidas para el Medio Ambiente en octubre de 2007 se nota la cooperación del COJOB con muchas ONG del medio ambiente. ¿Cómo es la calidad del medio ambiente durante los JJ.OO de Beijing? Tal pregunta ha llamado la preocupación de algunas personas y la atención de gran número de medios de comunicación internacionales. Durante las Olimpíadas con duración de 17 días, la calidad del aire ha sido buena cada día, e incluso en 10 días ésta ha llegado al nivel excelente. Como se ha dicho en el reforme, "se he mejorado mucho la calidad del aire de Beijing". A lo largo de todo el año 2008, los días con la calidad de aire superior al bueno suman 274,28 días más que los

En el Centro de los Juegos Olímpicos de Beijing se exhibía un paisaje muy agradable bajo el cielo azul y nubes blancas en junio de 2009.

de 2007. Un buen ambiente es justamente otro tesoro dejado por los Juegos Olímpicos de Beijing.

China también tuvo un comportamiento en el desempeño de otros convenios ambientales internacionales. Por ejemplo, se ha logrado un buen rendimiento en el cumplimiento del *Protocolo de Montreal sobre el Consumo de Sustancias Destructoras de la Capa de Ozono*, ya que a finales de 2008, el Comité Ejecutivo del Fondo Multilateral del *Protocolo* ha autorizado el plan eliminatorio en conjunto de 17 industrias de China, de las cuales 3 han culminado y 14 aún están en curso. Además, avanza en sentido favorable el proceso de ejecución del *Convenio sobre la Diversidad Biológica*, *Convenio de Estocolmo sobre Contaminantes Orgánicos Persistentes* entre otros. China es uno de los primeros países en firmar y ratificar el *Convenio sobre la Diversidad Biológica*, cuyo *Protocolo de Cartagena sobre Seguridad de la Biotecnología,* entró en vigor el 6 de septiembre de 2005 en China.

Ecosistema natural

En el vasto territorio de China, hay configuraciones geográficas muy complicadas, extendiéndose cinco zonas climáticas del norte al sur como la zona fría y templada, la templada, la templada caliente, la subtropical y la tropical. Debido a las características singulares del clima y de las configuraciones geográficas, el ecosistema chino es muy rico. Se puede decir generalmente que no sólo hay ecosistemas acuáticos, como el de agua dulce y el de océano; ecosistemas territoriales como el de bosque, el de pradera y el de desierto, sino también el ecosistema de humedales entre ambos arriba mencionados. Con una historia de explotación de miles de años y enorme presión por parte de la población, el ecosistema chino de todo tipo ha sido explotado, intervenido y deteriorado en cierto grado, por lo que es necesario que le presten atención y lo protejan.

El ecosistema de agua dulce

Para los seres humanos, el agua es la fuente de la vida. Los recursos de agua dulce son indispensables para la producción y la vida del hombre, además constituyen recursos medioambientales de los cuales depende la subsistencia de los seres vivos y recursos económicos que sostienen el desarrollo saludable de la economía nacional.

El ecosistema chino de agua dulce abarca principalmente ríos, lagos, etc. El país tiene un sinfín de ríos y lagos, con más de 50 mil ríos cuya superficie de alimentación supera los 100 metros cuadrados, y con más de 1.500 ríos cuya superficie supera los 1000 metros cuadrados. Con influencia del clima y la topografía, la distribución de estos ríos es mala, la intensidad de la red de ríos disminuye del sureste al noroeste. La escorrentía de los ríos chinos varía notablemente dentro del año y anualmente, con la característica de que hay mucha agua en el verano, poca en el invierno,

Es rápida la corriente del río Jinsha del alto Yangtsé, formando, cerca del río Lijiang de la provincia de Yunnan, la espectacular garganta Hutiao.

y experimenta una transformación en primavera y otoño. Además, China tiene más de 43.000 glaciares, con una superficie total de 58.700 metros cuadrados y la reserva total de 5.200.000 millones de metros cúbicos, cuyos recursos glaciares representan más de la mitad de la cantidad total de Asia. Estos glaciares se concentran principalmente en la parte oeste de China.

China es un país rico en lagos, que tiene más de 2.800 lagos naturales con una superficie superior a 1 metro cuadrado. Los lagos chinos se distribuyen extendidamente pero no igualmente: constituyen dos grupos intensos de lagos en la pradera del este y Meseta Qinghai-Tibet, hay algunos lagos en la Meseta de Mongolia Interior, la Meseta de Yunnan y

Guizhou, la Cuenca Qaidam y la Cuenca Junggar, pero casi no hay en el alto Yangtsé, la cuenca del río Zhujiang y las zonas montañosas de Zhejiang y Fujian.

En lo referente a la cantidad total de los recursos acuáticos, China es rica, pero es pobre en cuanto a la cantidad per cápita. Aparte, los recursos acuáticos se distribuyen mal en tiempo y espacio, y la agrupación de agua y tierra es asimétrica. Las

El lago Poyang de la provincia de Jiangxi es el mayor de agua dulce en China.

precipitaciones son las principales fuentes suplementarias de la escorrentía de los ríos chinos, en la cual se convierte 44% de la totalidad de las precipitaciones. Pero influenciada por la distribución del océano y continente, la configuración del terreno y otros factores, la distribución regional es asimétrica; las precipitaciones anuales disminuyen desde la costa sureste al interior del noroeste, alcanzando 1.200 mm. en la primera zona, y menos de 50 o casi 0 mm., en la segunda. La distribución regional de los recursos acuáticos no responde tampoco a la de población y tierra cultivable. En el sur la superficie de tierra cultivable ocupa el 35,9% de la nacional, pero los recursos acuáticos, sólo el 81%; en las cuencas de los ríos Amarillo, Huaihe, Haihe y Liaohe es grande la superficie de tierra cultivable e intensa la población, pero los recursos de agua dulce sólo ocupan el 19% de la totalidad nacional y la cantidad per cápita, sólo hasta el 18% de la cantidad media del país.

Además, los recursos acuáticos chinos sufren mucha influencia por parte del clima. Las precipitaciones disminuyen del sureste al noroeste, por esta razón la intensidad de la red de ríos obedece a la misma ley. Los ríos interiores de la zona árida del oeste tienen agua de deshielo y nieves eternas como principal fuente de abastecimiento, la temperatura influye directamente en la escorrentía. Las fuentes de abastecimiento de los ríos del norte abarcan agua de deshielo y nieves estacionales, entonces generalmente estos ríos tienen crecida primaveral. El tiempo de deshielo de los ríos depende también de la temperatura. En los cursos de latitud baja a alta, debido al cambio de la temperatura, aparece el aumento de hielo.

China sostiene el 22% de la población mundial con el 6% de los recursos de agua dulce, siendo notable la contradicción de la falta de los recursos acuáticos. A lo largo de los últimos años, con el desarrollo acelerado de la economía

El río Kanas que tiene origen en la Montaña Altai de Xinjiang.

china y el aumento incesante de la población, aumenta drásticamente la necesidad de agua; traen contaminaciones graves a los recursos acuáticos las emisiones de las aguas residuales industriales y aguas contaminadas. Las fuentes de agua potable son cada vez más escasas. El agua ya no es un recurso natural que se puede sacar y utilizar sin fin; muchas ciudades afrontan el problema de "la falta de agua". El problema de los recursos acuáticos afecta gravemente el medio ambiente y el desarrollo de China. Según las investigaciones de las organizaciones de protección ambiental de China, entre los problemas medioambientales a los que el público chino presta más atención, ocupa el primer puesto el problema de la contaminación del agua potable, especialmente en las ciudades medianas y pequeñas y en las aldeas. Para resolver este problema, China fortalece los esfuerzos para proteger el ecosistema de agua dulce y los orígenes del agua.

Prestando mucha importancia a la seguridad de agua potable, desde los años 80 del siglo XX, el gobierno chino ha fortalecido la protección del origen del agua potable, el tratamiento del origen de la contaminación y la supervisón del agua potable. Las diversas ciudades y regiones refuerzan la protección del origen del agua potable a través del establecimiento de reservas de diferentes niveles y la planificación de la protección medioambiental del origen del agua potable. Apuntando a diferentes reservas de distintos niveles, establecen las estrategias correspondientes de protección respectivamente, como cerrar las salidas de descarga (incluyéndose las de industria y vida) en las reservas de primer nivel, y las salidas de descarga directas de industria en las reservas de segundo nivel, y prohibir sacar terrenos, arenas y piedras en las reservas.

Durante el período del "Undécimo Plan Quinquenal", China concentrará esfuerzos para resolver los problemas que no corresponden al criterio de la calidad de agua en las 113 ciudades clave y los orígenes del agua que son contaminados gravemente en las otras ciudades. También se incluyen en la lista de prioridades el resolver los problemas de contaminación de la vida en las reservas de primer nivel y el proteger y construir obras de prevención y eliminación de contaminación acuática. Además, China efectúa la obra de seguridad de agua potable en las aldeas, resolviendo el problema de la seguridad de agua potable para 160 millones de la población rural durante el período del "Undécimo Plan Quinquenal".

En los recientes años, los departamentos de protección ambiental fortalecieron la prevención y eliminación de la contaminación en las cuencas prioritarias y consiguieron ciertos efectos. En 2008, las contaminaciones de las aguas superficiales del país todavía han sido graves; la calidad de

En agosto de 2006, en el afluente Mangniuhe del río Songhua ocurrió un accidente grave de contaminación química; los departamentos de supervisión y examen de protección medioambiental toman muestras en el lugar de origen del río para hacer exámenes.

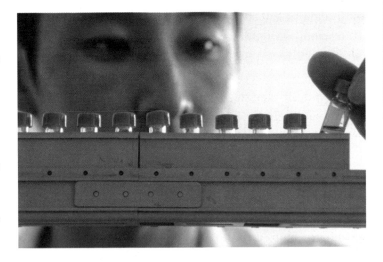

las aguas de los siete sistemas fluviales (el río Yangtsé, el Amarillo, el de las Perlas, el Songhua, el Huaihe, el Haihe y el Liaohe) de agua dulce ha sido generalmente de contaminación mediana, igual que en el año anterior. En 409 secciones de observación de la calidad acuática de los 200 ríos, la proporción de satisfacer el criterio de agua superficial es del 55,0%, que es potable. Se ve una notable mejora en comparación con la del 50,0% del año 2007.

En los sistemas fluviales de agua dulce, la calidad del Río de la Perlas y el Yangtsé es generalmente buena, la del Songhua es de contaminación ligera, la del Amarillo, Huaihe y Liaohe es de contaminación mediana y la del río Haihe es de contaminación grave. La buena calidad acuática del sistema fluvial del Río de la Perlas tiene relación con la protección local. El río Dongjiang (tercer sistema fluvial mayor en la cuenca del Río de las Perlas) que fluye hacia Shenzhen y Hong Kong, es el principal origen de agua para 30 millones de población, ocupando el 80% de la oferta de agua dulce de Hong Kong. En la década de los años 80 del siglo pasado, en el origen del río Dongjiang aparecieron muchas montañas de minerales. En los últimos años, los gobiernos locales cerraron más de 330 minas, y la cobertura media de bosques en la zona de origen del río Dongjiang mejoró hasta un 78,2%. Como muestran los datos de la observación por el departamento de protección ambiental, entre los grandes ríos, el río Dongjiang se ha convertido en uno de los ríos con mejor calidad de agua.

Lo preocupante es que, según los pronósticos de algunos expertos, con la agravación de la tendencia del calentamiento en los años recientes, se acelerará la reducción de los glaciares de la Meseta Qinghai-Tibet y Tianshan, algunos glaciares pequeños desaparecerán, por lo que producirán tiempos extremos y eventos climáticos. Además, los problemas de agua potable y agua doméstica no se han resuelto a escala nacional. El problema de eutrofización de los lagos

El río Amarillo está cargado de sedimentos, la figura muestra la cascada Hukou del curso mediano del río Amarillo.

se destaca. Según las estadísticas, el 75% de los lagos del país tiene el problema de eutrofización. Entre los 28 lagos y depósitos prioritarios controlados por el Estado, hay 6 con calidad de agua que alcanzan el tipo IV y 5, el V y 11 inferior al V , es decir que los con calidad de agua inferior al tipo IV son 22, ocupando el 78,6% de los prioritarios. El evento de contaminación acuática ocurrido a fines de 2006 y los eventos de las cianobacterias en las cuencas del Lago Tai, el Lago Dianchi, el Lago Chou en el verano de 2007, condujeron que en los lugares afectados no se pudiera conseguir agua de origen primitivo. Estas situaciones rigorosas suponen que China todavía afronta gran presión en lo referido a la protección y el tratamiento del agua de origen.

El ecosistema de océano

El continente chino tiene cuatro espacios marítimos cercanos como el mar de Bohai, el de Huanghai, el de Donghai y el de Nanhai, con una superficie total de 4,73 millones de metros cuadrados. China tiene una línea litoral cerca de 32 mil metros cuadrados entre los cuales ocupa 18 mil la línea continental. En la actualidad, en las regiones costeras de diversos países del mundo aparecen crisis ecológicas como la reducción de la biodiversidad, la subida del nivel de mar, el agotamiento de los recursos pesqueros, el surgimiento frecuente de desastres naturales y las contaminaciones acuáticas de las costas cercanas, que tienen efectos negativos en el desarrollo social y económico de la región y del globo.

Con la emisión excesiva de las aguas residuales de la industria y la ciudad, y las aguas sucias de crianza, ha bajado la calidad del agua y de sedimentos del medio ambiente y se ha agravado la eutrofización. En las regiones locales se agravan las contaminaciones, el ecosistema sufre deterioros y aumenta la vulnerabilidad ecológica. Debido a la

construcción del puerto, la recuperación de tierras en el mar, el vertimiento de los residuos sólidos y la crianza marítima, se ha reducido la superficie de espacio marítimo, la playa y la capacidad de autodepuración del mar. Además el fenómeno de dragar arena ilegalmente es muy grave, lo que conduce a la reducción de la superficie del bosque protector costero, la baja de la capacidad de reserva de agua y suelo, destruyendo el paisaje costero y el ecosistema. La protección del ecosistema marítimo ha pasado a ser un problema prioritario sin soportar ningún flojo.

La isla Dazhou de la provincia Hainan, una reserva ecológica marina de nivel nacional.

Según los datos de observación por parte de los departamentos de protección medioambiental, en el año 2008 la calidad del espacio marítimo nacional es de contaminación ligera, una mejora pequeña en comparación con la del año pasado. El espacio marítimo cercano es en mayor parte limpio, y la calidad del espacio marítimo lejano es buena.

Junio de 2007, el espacio marítimo contaminado por la marea roja, forma un contraste claro con el cielo azul y nubes blancas, cerca de Shenzhen de la provincia Guangdong.

Entre los 301 puntos de observación de la calidad de agua en el espacio marítimo cercano, la proporción de agua tipo I y II es del 70,4%, con un aumento de 7,6 puntos porcentuales; ocupa el 11,3% el agua tipo III, igual que el año pasado; el agua tipo IV e inferior al tipo IV ocupa el 18,3%, con una baja de 7,1 puntos porcentuales. La calidad del espacio marítimo cercano del mar de Huanghai y Nanhai es buena, general la de Bohai, y mala la de Donghai.

En 2008, la calidad del agua de los 198 ríos que desembocan en el mar ha sido mala, y la cantidad de vertimiento de los contaminantes ha sido mayor que la contaminación marítima directa del mar. La cantidad de los contaminantes de los ríos de Donghai que entran al mar ha sido superior a la de otros mares y se ve cierto aumento en la cantidad de vertimiento al mar de los principales contaminantes como permanganato, petróleo, TP, entre otros. En este año, se han experimentado 68 mareas rojas, 14 veces menos en comparación con el año anterior, pero aumentando la superficie total de tal fenómeno.

● Enlace de datos

"Roja fantasma" marea roja

La marea roja, un fenómeno atípico del ecosistema marítimo, es causada por la reproducción explosiva en cierta condición, de una especie de la familia de algas. Tras la marea roja, el agua lleva el color rojo, a veces amarillo, verde, pardo y otros colores. Acompañadas generalmente por la muerte de peces y de otros seres vivos marítimos por la falta de oxígeno, las mareas rojas emiten muchos gases dañinos y toxinas, contaminando el medioambiente marítimo. Es una causa importante de la marea roja el vertimiento de gran cantidad de materiales orgánicos con nitrógeno, conduciendo a la eutrofización.

Ahora están esforzándose para mantener el paisaje pintoresco y recuperar el ambiente ecológico marítimo, por la vía del fortalecimiento de la protección y el control de la contaminación marítima, y dejando al mar recuperarse.

En los últimos años el gobierno chino ha tomado fuertes medidas para proteger los recursos de manglares llamados "bosques submarinos", jugando un papel importante tanto en la depuración de metales pesados, plaguicidas y aguas de vida contaminadas como en la prevención de la marea roja. Los manglares están compuestos principalmente por la planta de manglar, que es una leñosa vivípara rara con la función especial de mantener el equilibrio ecológico marítimo. Los manglares viven en las playas de las costas tropicales y subtropicales, con un sistema de raíz desarrollado. En momentos de marea alta, la mayor parte de los manglares se meten en el agua de mar. Los manglares, forman una pantalla verde en las costas y juegan un papel importante para mantener la estabilidad costera. Los humedales de manglares son áreas ecológicas clave cuyo desarrollado sistema de raíz se puede denominar como un sistema natural para el tratamiento de aguas contaminadas.

Los manglares chinos se distribuyen principalmente en Taiwan, Hainan, Guangdong, Guangxi y las regiones costeras de Fujian. Entre tales lugares la Región Autónoma de Guangxi es donde abundan más los manglares con una superficie de esta planta que ocupa una tercera parte de la totalidad nacional. Como los arrecifes de coral de los mares en las regiones tropicales, los manglares son un hábitat para la vida marítima. En los humedales de manglares la biodiversidad es abundante, abarcando tanto manglares, árboles y arbustos semi-manglares únicos del ambiente húmedo de los humedales y algunas plantas asociadas comunes como macroalgas, fitoplancton, zooplancton, bentos, insectos, aves, mamíferos, reptiles y otros, entre los cuales se incluyen especies raras de animales y plantas que se ven en peligro de extinción o protegidas por el Estado.

En la actualidad, china ha establecido siete reservas de manglares, superiores al nivel de la provincia, donde poseen la mitad de los manglares de todo el país. El Centro de Investigación de Manglares de Guangxi es la primera entidad integral de protección, investigación y administración de manglares.

El bosque protector de manglares al lado del mar de Sanya, en la provincia Hainan.

A lo largo de los años noventa del siglo XX, los recursos marítimos y pesqueros vienen agotándose en las regiones costeras, por lo que el desarrollo sostenible del sector marítimo y pesquero sufre una amenaza grave. Para proteger los recursos marítimos, el país empezó a aplicar el régimen de moratoria de pesca de mar, es decir que cesan de pescar en cierto espacio marítimo dentro de cierto tiempo a cada año para proteger los recursos de animales y plantas acuáticos. La cobertura de tal régimen incluye los cuatro espacios marítimos bajo la jurisdicción china, abarcando 11 provincias costeras y las regiones de administración especial Hong Kong y Macao, con hasta 120 mil barcos y millones de pesqueros incluidos. También es una medida de protección, tomada por el gobierno en la administración de recursos pesqueros, que tiene mayor cobertura e influencia. La realización de este régimen es prevenir la tendencia del descenso de los recursos pesqueros. Algunas especies de peces necesitan varios años o décadas para crecer a peces grandes, entonces la protección ecológica marítima de China todavía afronta una situación rigurosa.

El ecosistema forestal

China tiene abundantes recursos forestales y un ecosistema forestal con diversidad de tipos que ocupa un lugar importante en el desarrollo económico y social, la seguridad ecológica y la protección de la biodiversidad del globo.

Hasta 2008, la superficie forestal china ha sido de 195 millones de hectáreas; la cobertura, 20,36%, y la reserva forestal, 13.721 millones de metros cúbicos. El ecosistema forestal de China se distribuye principalmente en las regiones del este. Con influencia del calor, se distribuyen sucesivamente del norte al sur los típicos ecosistemas forestales como coníferas de la región templada fría, el bosque mixto templado de coníferas y árboles de hoja ancha de la región templada, el bosque caducifolio de hoja ancha y de coníferas de la región templada caliente, el bosque perenne de hoja ancha y coníferas de la región subtropical, los bosques tropicales de temporada, las selvas tropicales, entre otros.

China es el país cuyos recursos forestales crecen más rápidamente, con la mayor superficie de forestación artificial en el mundo. Contando sólo desde 2003 a 2008, se ve un aumento de 20.540 mil hectáreas. La superficie de forestación artificial de China alcanza 54.000 mil hectáreas, ocupando el primer puesto en el planeta. En china se está realizando el bosque protector de Tres-Norte, el de la cuenca del río Yangtsé, el costero, el de la cuenca del río de las Perlas, el tratamiento de del viento de origen arenoso de Beijing y Tianjin, el Proyecto Verde de la Montaña Taihang, el proyecto verde de llanura, entre otros.

Para tratar radicalmente los daños del viento arenoso y la erosión de la tierra de las regiones chinas del noroeste, Norte de China y noreste, en 1978, China puso en marcha el proyecto ecológico de forestación artificial de gran escala: el

Están plantando árboles al fuerte viento, los residentes del distrito Changping, Beijing. Aquí está uno de los cursos importantes del proyecto del tratamiento del viento de origen arenoso de Beijing y Tianjin.

El bosque protector
de carretera en el
Tarim Desierto de
Xinjiang.

Proyecto de Bosque Protector de Tres-Norte, que terminará
en 2.050 según la planificación, tardando 73 años y efectuándose en tres etapas y ocho ramas. Según lo planificado,
plantarán 35,6 millones de hectáreas y la tasa de la cobertura forestal de las regiones de Tres-Norte aumentará del
5,05% al 14,95%, controlando de manera eficaz los daños del
viento arenoso y la erosión de la tierra de las regiones de
Tres-Norte; mejorando notablemente el ambiente ecológico
de tal zona.

Este proyecto se extiende a los 590 condados de las 13 provincias, regiones autónomas y los municipios independientes del noroeste, norte de China y noreste, con una superficie
constructiva de 40.690 mil metros cuadrados, representando
el 42,2% de la superficie total del territorio chino. El proyecto lleva el nombre de Gran Muralla Verde por su escala y
tiempo de construcción que superan otros proyectos antece-
dentes como: el Proyecto Roosevelt de Estados Unidos (1934),
el Plan de Transformar la Naturaleza planteado por Stalin
de la antigua Unión Soviética (1948), el Proyecto de Dique
Verde de los cinco países del norte de Africa (a fines de la
década del 70 del siglo XX), y consigue la reputación de la

mayor ingeniería ecológica del mundo.

Hacia fines del año 2000, se terminaron los primeros tres planes constructivos del proyecto del bosque protector de Tres-Norte, con una superficie de forestación que llegó a más de 22 millones de hectáreas. En las regiones principales de las tierras erosionadas como la Meseta de Loess y las regiones montañosas del norte de China, se construyeron más de 5.500 mil hectáreas de bosque para mantener el agua y el suelo, más de un millón de hectáreas para mantener la fuente del agua; se trataron cerca de 140 mil metros cuadrados con un 40% de la superficie de tierra erosionada; se construyeron más de dos millones de hectáreas de bosque protector del campo de cultivo, con 2,13 millones de hectáreas de campo de cultivo protegido por la red de bosques, ocupando el 64% de la superficie de la tierra laborada de las regiones de Tres-Norte; en tales regiones las reservas de árboles vivos alcanzan 997 millones de metros cúbicos, se desarrollaron

Los bosques naturales, bajo eficaz protección, del condado Yunyang, el municipio de Chongqin.

más de 3,6 millones de hectáreas de bosques industriales y se construyó un grupo basado en frutas famosas, especiales, de excelente calidad y nuevas especies, produciendo anualmente 12,55 millones de toneladas de frutas secas y frescas, con un valor productivo total de 17.000 millones.

La cuarta fase del proyecto del bosque protector de Tres-Norte, empezó a efectuarse desde 2001 Cuatro años después, llevó a fin 1503.1 mil hectáreas de forestación y 1211.9 mil hectáreas de forestación de las montañas acumuladamente.

Desde 1998, China empezó a aplicar la política de la reintegración de tierra laborada a bosque y puso en marcha la obra de la protección del bosque natural que ocupa el 70% de los bosques actuales del país. La segunda política se encamina a resolver los problemas de la rehabilitación, la recuperación y el desarrollo de los bosques naturales, realizando el desarrollo coordinador de la construcción

El paisaje maravilloso de las Tres Gargantas del río Yangtsé tras la reintegración de la tierra laborada a bosque.

ecológica, la economía y la sociedad de la región mencionada. Este proyecto, con la realización de centros pilotos en 1998, se puso en marcha en 17 provincias, regiones autónomas y municipios independientes del país el año 2000, con un tiempo de construcción desde 2000 hasta 2010, con una inversión total de 96.200 millones. Tal proyecto ofrece protección eficiente a las regiones de alta Yangtsé, del curso mediano y superior del río Amarillo, y a los bosques naturales de zonas forestales estatales clave como el noreste y Mongolia Interior, entre otros.

En el año 1999, las provincias Sichuan, Shaanxi y Gansu pasaron a ser las primeras en realizar los trabajos de reintegración de la tierra laborada a bosque y hierba. Hasta 2002 se efectuó totalmente el proyecto de la reintegración de tierra laborada a bosque a escala nacional. En China se ha generalizado el proyecto de la reintegración de la tierra laborada a bosque y hierba, dejando de laborar las tierras de ladera fáciles de causar la erosión del suelo y fáciles de causar la desertificación obedeciendo ciertos planes y pasos para recuperar su vegetación plantando árboles y hierbas.

En 2003, el gobierno chino planteó la política de acelerar el desarrollo de la industria forestal aprovechando los dos mercados interior y exterior y dos tipos de recursos. Hasta 2008, se alcanza 31,91 millones de hectáreas de la reintegración de tierra laborada y la forestación; la tasa nacional de cobertura verde aumenta del 29,5% al 35,11%, la superficie verde pública por habitante se incrementa de 6,49 metros cuadrados a 8,6 metros cuadrados. Estos logros producen buenos rendimientos económicos, ecológicos y sociales. En las regiones del proyecto los recursos forestales experimentan un aumento estable, se reduce la superficie de la erosión de la tierra, se ve el efecto del tratamiento de las tierras desertificadas y los agricultores reciben los beneficios reales. En el condado Wuzhai del municipio Xinzhou de la

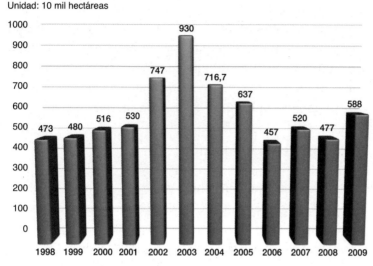

Unidad: 10 mil hectáreas

Fuente: *el boletín anual de estadística nacional* de los años anteriores publicado por la Oficnia Nacional de Estadísticas

La situación nacional de forestación entre 1998-2009

provincia Shanxi, situado en la Meseta de Loess, antes los pastizales eran vulnerables y sufrieron deterioros por parte de naturaleza y los seres humanos. Hoy en día se han fijado y cubierto más de cuatro mil hectáreas por vegetación, y se han alcanzado 830 mil Mu, en el área forestal de tal condado con una tasa de cobertura de vegetación de 52%. Así se ve un cambio radical sobre el medio ambiente en dicha región y las condiciones de vida y producción de los aldeanos han mejorado mucho.

En los últimos años, con la aplicación del régimen de subvención para la eco-eficiencia forestal, la superficie y reserva forestales han aumentado drásticamente, las estructuras de edad y especie tienden a ser razonables, la calidad forestal tiene una tendencia a mejorar y ha realizado la transformación histórica del descenso seguido al ascenso paulatino. Pero en algunas regiones, en busca de la eficiencia económica, sustituyeron los árboles naturales por plantas industriales. Así la tasa de cobertura forestal ha aumentado su número, pero tal acción hará daño a la calidad del bosque chino a largo plazo. Cómo tratar tales problemas es un nuevo tema presentado ante los departamentos de protección ambiental y los personajes relacionados.

El ecosistema de pradera

La superficie pradeña china es de 400 millones de hectáreas, ocupando cerca del 41,7% del territorio nacional, mucho mayor que la forestal y la de tierra laborada, siguiendo Australia que ocupa el primer puesto, representando el 13% de la mundial. Pueden decir que China es verdaderamente un país con recursos pradeños abundantes. Alcanza 330 millones de hectáreas, la superficie pradeña de las 12 provincias: Tibet, Mongolia Interior, Xinjiang, Qinghai, Sichuan, Gansu, Ningxia, Shaanxi, Guizhou, Yunnan, Guangxi, Chongqin y entre otros (municipios independientes, regiones autónomas), ocupando 84,4% de la nacional. La pradera china se extiende de forma zonal desde el noreste de Daxing anling, Llanura Songnen y pastizales Hulun Beier hacia el suroeste, llegando a las fronteras sureñas de la Meseta Qinghai-Tibet, pasando por la Meseta de Mongolia Interior y la Meseta de Loess, con un recorrido superior a 4.500 metros.

Los pastizales son la verde pantalla ecológica de mayor superficie de China y los medios básicos de producción de los que subsisten los pastores; también son las principales regiones donde se concentran las minorías étnicas. En 2008, la producción de hierba fresca de los pastizales naturales era de 947.155 millones de toneladas, equivalente a 296.268 millones de toneladas de hierba seca, con una capacidad de alimentación de 231.78 millones de ovejas.

Como muestran los datos, desde el siglo pasado hasta hoy

en día, los pastizales del norte de China se han retirado 200 metros hacia el norte y 100 hacia el oeste; en el 90% de los pastizales se ve el agotamiento de diversos niveles. Disminuye unos 1,5 millones de hectáreas cada año y tal tendencia sigue. En los últimos años, el país fortalece la construcción ecológica y planificación y administración de los pastizales. Los trabajos realizaron la transformación de seguir principalmente la meta económica al considerar simultáneamente las metas ecológica, económica y social con la ecológica como prioridad. Las vegetaciones se han recuperado eficazmente y se ha mejorado gradualmente el ambiente ecológico de los pastizales. Entre 2000 y 2005, la finanza central ha invertido más de 9.000 millones para efectuar la recuperación y construcción de los pastizales naturales, la valla de los pastizales, las bases de semillas de hierba, reintegración de pradera a hierba, la construcción ecológica pradeña del proyecto del tratamiento de origen del viento arenoso de Beijing y Tianjin y otros proyectos. Desde 2003 hasta 2008, la superficie de la reintegración de pasto a hierba acumulada dentro de cinco años alcanzó 34,6 millones de hectáreas.

Los pastizales de Bayan Bulak, que llevan el nombre del Pueblo de Cisne, rodeados por montañas de nieve.

En 2008, se efectuó el proyecto de la reintegración del pasto a hierba en Mongolia Interior, Sichuan, Gansu, Ningxia, Qinhai, Tibet, Xinjiang, Yunnan, Guizhou y el Cuerpo de Producción y Construcción de Xinjiang, con una inversión de 1.500 millones. Se construyen 5.228 millones de hectáreas de vallas, con 27 mil hectáreas de desertificación tratada y una resiembra de 1.569 mil hectáreas en los pastizales gravemente agotados. Se realiza el proyecto de tratamiento de los pastizales de origen de viento arenoso de Beijing y Tianjin en Beijing, Mongolia Interior, Shanxi y Hebei, con una inversión de 390 millones, 236 mil hectáreas de los pastizales tratados, 1,21 millones de metros cuadrados de tinada y valla construidos y una instalación de 25.540 máquinas para procesar forraje. Las coberturas y altura de la vegetación y la producción de hierbas frescas ha subido mucho, acompañando la mejora evidente del ambiente ecológico pradeño, la fortaleza de la construcción de infraestructura y la transformación eficiente de la forma productiva de la ganadería pradeña.

Para usar la pradera de manera razonable y eficiente, se

Bueyes y caballos están bebiendo agua y comiendo hierbas en la pradera Hulun Beier de Mongolia Interior donde se mantiene bien el ambiente ecológico.

Los pastizales de Mongolia Interior donde se efectúa la rotación de pastoreo según la división de las piezas.

efectúa el régimen de la rotación de pastoreo en los pastos chinos: según sus fuerzas productivas y las características de uso, dividen los pastos en piezas donde se realiza la rotación de pastoreo con el fin de que pastoreen bien los ganados mientras mantienen las fuerzas productivas de la pradera. La rotación de pastoreo según la división de las piezas es una tecnología integral que combina bien los ganados y la pradera.

Después de la realización de tal régimen, el ámbito de ganados se limita a un área menor, lo que les obligan a usar las hierbas de manera igualitaria. En comparación con el pastoreo libre, se pueden alimentar más del 30% de ganado en el mismo pasto. Por dicho régimen se utiliza de manera igualitaria sucesivamente cada pasto, lo que hace crecer incesantemente a las hierbas de especie excelente. Al mismo tiempo con la concentración de los ganados, es conveniente cuidar que los pastores puedan descubrir a tiempo las enfermedades; de esta manera se reducen correspondientemente las pérdidas como muertes causada por animales silvestres y pérdidas.

La rotación de pastoreo utiliza generalmente red de alambre de púas como valla y aprovecha las condiciones naturales como franja forestal, foso, río, lago, montaña e hitos artificiales (jalón, piedra, montículo) como límites naturales de las piezas. Es ideal la rotación de pastoreo con valla electrónica.

Entre los desastres que afrontan los pastizales se cuentan principalmente: el de incendio, el de ratas, el de insectos y otros. En 2008, la superficie de los pastizales dañados por incendio es de 9895,9 hectáreas, una reducción del 13% frente a la del año anterior. En el mismo año, la superficie dañada por ratas es de 36.758 mil hectáreas, ocupando el 9,4% de la total, una disminución del 5,6% comparando con la del año anterior; la superficie dañada por insectos es de 27.007 millones de hectáreas, representando el 6,9% de la total, un aumento del 53,6% frente a la del mismo período del año anterior. Es un paso importante para proteger la ecología pradeña, reducir estos desastres.

Tomando la prevención y el tratamiento del desastre de ratas como ejemplo, en los pastizales las ratas salvajes son pequeñas pero son numerosas y hacen graves daños a los pastizales. En la pradera de la región seca, la alta y glacial y la de prado alto y glacial de China, la superficie pradeña destruida por ratas ocupa más del 30% de la total del local. Además de usar instrumentos y productos químicos para matarlas, el uso del enemigo natural de ratas es un método científico y económico, por ejemplo una lechuza puede matar 1.000 ratas en un verano y una mustela erminea puede comer 2.500 a 3.500 ratas. El método más fácil es meter un palo de madera por cada 500 metros en los pastizales para que los animales salvajes puedan parar, de esta manera se puede prevenir básicamente el desastre de las ratas.

El ecosistema de desierto y oasis

Las tierras desertificadas de China se distribuyen principalmente en 417 condados, banderas y municipios de las 18 provincias, distritos y municipios, colocándose en mayor parte en las 12 provincias, distritos y municipios del noroeste, el norte del Norte de China, el oeste de noreste y el norte del Tíbet. Las tierras desertificadas de China se pueden dividir en cuatro tipos: como la erosión de viento, la de agua, los daños causados por congelación y descongelación y la salinización del suelo, con una distribución que supera miles de metros verticalmente, desde el nivel del mar hasta los desiertos altos y fríos viéndose los fenómenos de desertificación. La superficie de las tierras erosionadas por el viento y desertificación es de 1.607 mil metros cuadrados, dispersándose las regiones secas y semi-secas; un tipo con mayores superficies y ámbito de distribución entre diversos tipos de tierras desertificadas. La superficie de tierras desertificadas causadas por la erosión del agua es de 205 mil metros cuadrados, dispersándose de manera concentrada pero no continua en la localidad. La superficie de tierras desertificadas causadas por congelación y descongelación es de 366 mil metros cuadrados, distribuyéndose principalmente en las regiones a gran altitud de la Meseta de Qinhai-Tibet. La superficie de tierras salinizadas es de 233 mil metros, dispersándose de manera relativamente concentrada y zonal en los oasis al lado de la Cuenca de Tarim, llanura aluvial frente de las Montañas Tianshan, Llanura de bucle, Llanura de Yinchuan, Llanura del Norte de China y la del Delta del Río Amarillo.

Los desiertos se dispersan principalmente en los orígenes de los ríos grandes situados en las provincias del oeste de China. Los desiertos son un ecosistema vulnerable. La vegetación arenisca es el cuerpo principal para mantener el ecosistema de desierto y será difícil de recuperarse al sufrir

Las populares diversifolias al lado del río Tárim en el interior del Desierto Taklimakan, una especie de árbol que tiene una función importante para resistir el viento arenoso.

deterioros. En el momento de tratar el ecosistema de desiertos el país pone la protección de la vegetación arenisca en el primer puesto. En los desiertos el bosque popular de diversifolia juega un papel importante para mantener el suelo, con más centenares o miles de años. Tamariscos, haloxylones, olmos, caragana, azufaifo de Túnez son especies que necesitan protegerse. La protección del ecosistema del desierto tiene una función clave para la conservación del origen acuático y la de agua y suelo de la parte oeste de China.

A fines de de los años 50 y a principios de los años 60 del siglo XX, se estableció la estación experimental del tratamiento de arena en Shazhuyu de la provincia de Qinghai, efectuándose y aplicándose los experimentos de tratamiento de arena y forestación de diversas formas. Bajo la guía de los expertos, tomaron el método de combinar la ingeniería y biología para prevenir y tratar la arena, construyendo franjas de hierbas por la clausura de montaña, franjas de bosques para fijar arenas y bosque protector de campo de cultivo. Así se forma un sistema integral de protección y mejora el ambiente ecológico de tal región. Dicha experiencia se promueve en las zonas desertificadas por todo el país.

Niu Yuqin, residente de la aldea Jisha, Dongkang pueblo, Jingbian condado de la provincia Shaanxi, es una experta en el control de arena. Desde 1984, ella planta árboles para tratar desiertos junto con sus familiares, construyendo 110 mil Mu (15 Mu = 1 hectárea) para el tratamiento de desiertos, por lo que consigue espectaculares logros convirtiendo desiertos en oasis. En 1993, la FAO (Organización de Comida y Agricultura de las Naciones Unidas) le otorgó a ella el premio de Doctor Rao. La mujer construyó una aldea de inmigrantes llamada Aldea de Origen Verde, en 240 Mu de tierras areniscas desertificadas, donde se equiparan las instalaciones de agua corriente, carretera y electricidad y pueden albergar 24 familias de inmigrantes.

China toma la prevención de la desertificación de las tierras como medida estratégica para mejorar el ambiente ecológico, ampliar el espacio de subsistencia y desarrollo y promover el desarrollo coordinado y sostenible de la economía y sociedad. En los últimos años, el gobierno chino promulgó *la ley de controlar y tratar arena*, aprobó *la planificación nacional de controlar y tratar arenas (2005-2010)* y efectuó una serie de proyectos prioritarios de controlar y tratar arenas. Así, la superficie de desertificación y salinización se reduce simultáneamente y se controla la tendencia de su ampliación.

Tras entrar en el siglo XXI, China sigue la línea de tomar el control como prioridad, combinar el control y el tratamiento, tratándolos de manera integral. Tomar el control como prioridad supone que para controlar y tratar la desertificación no sólo necesitan proteger las vegetaciones actuales sino también el agua y los humedales de las regiones areniscas, previniendo el aparecimiento de nuevas tierras areniscas. La combinación del control y tratamiento se refiere a tomar el control de la velocidad de desertificación y la prevención del aparecimiento de nuevas tierras desertificadas como principal objetivo, concentrar esfuerzos para tratar los cursos que hagan daños directos a las masas y ampliar el ámbito de tratamiento por la plantación de árboles y hierbas. El tratamiento integral significa que no sólo necesitan tratar bien la desertificación de cierto lugar sino que también deben prevenir el aparecimiento de la desertificación de gran escala.

Se han construido franjas de árboles y hierbas, con función de prevenir el viento y fijar la arena, al lado de los ocho grandes desiertos y cuatro terrenos areniscos y las franjas de bosques con la función de fijar arena de gran escala entre desiertos y oasis. Al mismo tiempo, promueven el método laboral de protección en las áreas secas que sufren daños graves del viento arenoso; se efectúa la reintegración de tierra laborada a bosque y hierba en las tierras laboradas

● Enlace de datos

Los ocho mayores desiertos y los cuatro mayores terrenos areniscos de China

China es uno de los países con numerosos desiertos, entre los cuales los mayores desiertos y terrenos areniscos son 12. Los ocho mayores desiertos representan: Desierto Taklimakan, Desierto Gurbantunggut, Desierto Dadan Jaran, Desierto Tengger, Desierto Qaidam, Desierto Kumu Tage, Desierto Ulan Buh y Desierto Kubuqi. Los cuatro mayores terrenos areniscos: el de Mu Us, el de Hunshandake, el de Horqin y el de Hulunbeier. La acumulación de arena movediza en las regiones secas se llama desierto; tal acumulación en las regiones semi-secas se llama terreno arenisco.

desertificadas. En las regiones donde los pastizales sufren desertificación y agotamiento se consideran el pasto como prioridad y clausurar las tierras salinizadas y agotadas. La práctica de proteger y tratar el ecosistema de diversos lugares de China muestra que las arenas movedizas se fijan al llegar a más del 30% de la cobertura de hierba y arbustos en los terrenos de arenas movedizas; al alcanzar más del 40% de esta proporción, se puede controlar la superficie de las tierras desertificadas.

Los oasis chinos se dispersan principalmente en el norte de las Montañas Qilian y Kunlun de la parte noroeste, el sur y norte de las Montañas Tianshan, la llanura de Bucle, entre otros. La provincia de Xinjiang, tiene la distribución más extendida de oasis. En sus 86 condados y municipios se distribuyen más de 80 oasis, con 42 al lado de la Cuenca Tarim, 28 al lado de la Cuenca Junggar y otros en la Cuenca Hami Turpan y en los valles del río Ili. Los 21 condados y municipios del Corredor Hexi constituyen 19 oasis y más de 40 pueblos y puntos de residencia de la Cuenca de Qaidam, 40 oasis.

Los últimos cien años, se construyeron muchos oasis artificiales por la conducción artificial de agua a gran distancia, la explotación subterránea de agua, la reserva de agua vía

El Desierto Takli-makan, situado en Xinjiang es el mayor de China.

la edificación de diques y la explotación de tierras salvajes, a las cuales pertenecen los oasis de dique de Tieganlike-Daxihaizi situada en el curso inferior del Río Tarim, el oasis de Shihezi- Mosowan y la de Kuitun Chepaizi, situados en la Cuenca Junggar del norte de Xinjiang. El surgimiento de Shihezi de Xinjiang puede llamarse como un ejemplo de la explotación y construcción de oasis. Desde los años 50 del siglo pasado, por la explotación artificial de medio siglo, el desierto de Gobi se ha convertido en una base importante de algodón y cereales de Xinjiang. En la provincia de Qinghai, se establecen

Las plantas creci-das en el Desierto Badan Jara de Mongolia Interior.

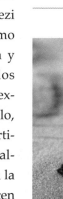

Plantas crecidas
en los desiertos de
Xinjiang.

sucesivamente una serie de oasis altos y fríos como Xiangri-
de, Shazhuyu, Nuomuhong, Germu y Delinha, promoviendo el desarrollo integral de la industria de la agricultura y
ganadería en las regiones areniscas.

El ecosistema de humedales

El ecosistema de humedales es uno de los pasos entre el
espacio acuático y el continente, con sequías periódicas que
la vida acuática no puede acostumbrarse e inundaciones a
largo plazo que las plantas terrestres no pueden aguantar.
Los humedales tienen funciones importantes para mantener
el ambiente ecológico global.

China es el país que tiene la mayor superficie de humedales en Asia y también es uno de los países que tienen la biodiversidad de humedales más abundante del mundo. Los
humedales chinos tienen una serie completa de tipos y una
gran cantidad. Según la clasificación de tipo del Tratado de
los Humedales, 31 tipos de humedales naturales y 9 tipos de

los artificiales se pueden encontrar en China. Los humedales chinos se distribuyen extendidamente y se pueden clasificar en ocho principales regiones, según las características de la biota, las climáticas y la abundancia de la biodiversidad, como los de noreste, los del norte de China, los del curso mediano e inferior del río Yangtsé, los costeros del norte de la bahía de Hangzhou, los costeros del sur de la bahía de Hangzhou, los de la Meseta Yunnan Guizhou, los áridos y semi-áridos de Mongolia Interior y Xinjiang y los altos y fríos de la Meseta Qinghai-Tibet.

Los humedales de ríos son abundantes en la parte este, los pantanales, en la parte noreste y son menos los humedales en las regiones áridas del oeste. En la cuenca del curso mediano e inferior del río Yangtsé y la Meseta Qinghai-Tibet son muchos los humedales de lagos. Hay lagos de agua salada y lagos salados en la Meseta Qinghai-Tibet

El Parque Nacional de Humedales de XiXi, Hangzhou de la provincia Zhejiang.

y las regiones áridas del noroeste. En las regiones costeras desde la isla de Hainan hasta la parte norte de Fujian se distribuyen los humedales de manglares y los tropicales y subtropicales artificiales. En la Meseta Qinghai-Tibet hay gran superficie de pantanos y grupos de lagos con la elevación más alta del mundo, formando el único ambiente ecológico de los humedales altos y fríos.

Los 28 humedales con escala mayor a 100 hectáreas tienen una superficie de 38,48 millones de hectáreas, entre los cuales los naturales son de 36,2 millones abarcando 5,94 millones de los costeros, 8,21 millones de los de río, 8,35 millones de los de lago y 13,70 millones de los pantanales. En los humedales chinos las especies son muy abundantes, abarcando mamíferos de 32 especies de 12 familias de 7 órdenes, aves de 271 especies de 32 familias de 12 órdenes, reptiles de 122 especies de 13 familias de 3 órdenes, anfibios de 300 especies de 11 familias de 3 órdenes y peces superiores a 1.000 especies. Las plantas superiores de humedales son cerca de 2.276 especies de 815 géneros de 225 familias; los briófitos, 267 especies de 139 géneros de 64 familias; los helechos, 70 especies de 42 géneros de 27 familias, las gimnospermas, 20 especies de 9 géneros de 4 familias y las angiospermas, 1.919 especies de 625 géneros de 130 familias.

En la actualidad se está formando el sistema administrativo de humedales que toma las reservas naturales como cuerpo principal y permite la coexistencia de diversas formas de protección y administración como parque de humedales y área de humedales. Hacia fines de 2008, en China se han establecido más de 550 reservas naturales, 38 parques nacionales de humedales con 36 en la lista de los humedales importantes del *Tratado de Humedales*; una superficie total de 17,9 millones de hectáreas de humedales han recibido protección eficiente, ocupando un 49% de la total nacional. En 2008, se han establecido 20 parques nacionales de humedales en China.

A fines de los años 70 y 80 del siglo pasado, a principios de la Reforma y la Apertura de China, los humedales sufrieron deterioros graves debido a la busca de intereses económicos, las actividades frecuentes como explotación de campos, construcción de centrales

hidroeléctricas y explotaciones turísticas. Enseguida, el gobierno y las organizaciones no oficiales realizaron trabajos de protección. Tras la integración al Tratado de los Humedales en 1992, China realizó más esfuerzos en la protección de los humedales. La Administración Estatal Forestal abrió la oficina para cumplir el Tratado de Humedales, encargándose de la planificación y la efectuación de los humedales.

Los humedales del Delta del Río Amarillo del municipio Dongying de la provincia Shandong.

Los humedales de Ruogaier, los mejor conservados de meseta.

En noviembre de 2000, China publicó el *Plan Chino de Acción de la Protección de los Humedales*. En febrero de 2004, con la aprobación del Consejo de Estado, la Administración Estatal Forestal China publicó *la Planificación Nacional del Proyecto de Protección de los Humedales*. Con esfuerzos de más de 20 años, se han logrado muchos éxitos en el terreno de la recuperación y construcción de China. Solicitado 4 veces, hasta hoy en día China ya tiene 36 humedales incluidos en la lista de los humedales importantes internacionales del Tratado de los Humedales, abarcando Zhanlong de la provincia de Heilongjiang, la Isla de Pájaro de Qingdao, Mipu, Houhaiwan de Hong Kong, Sanjiang de Heilongjiang, la Playa Este del Distrito Chongming de Shanghai, el Mar de Bita de Yunnnan, el Mar de Lashi de Yunnan, Maidika de Tibet ,Ruoergai de Sichuan y otros.

El Delta del río Amarillo se queda en el estuario del río Amarillo al lado del Mar de Bohai, en el municipio Dongying de la provincia de Shandong. En el estuario del río

Amarillo abundan los recursos de humedales, debido a su posición geográfica y características climáticas particulares, con una superficie de humedales cerca de 1.410 metros cuadrados que son los ecosistemas de humedales más vastos, más integrales y más jóvenes en las regiones templadas calientes del mundo. Aquí se construye la reserva natural del nivel nacional del Delta del Río Amarillo de la provincia de Shandong, con el ecosistema de humedales originales y aves como objetos de protección.

Perteneciendo al clima monzónico templado, el Delta del Río Amarillo, tiene una diversidad de tipos de paisajes y una gran superficie de humedales naturales, ocupando un 68,4% de la total, abarcando ríos y lagos del ecosistema de agua dulce y los humedales de pradera húmeda, arbustos, bosque claro, carrizos, los salinos, entre otros. Los humedales artificiales son en mayor parte de estanque y de depósito, donde son abundantes los recursos biológicos, con 116 especies de plantas superiores, más de 800 especies de seres marinos, 187

El Lago de Flora con abundantes y bonitas aguas y hierbas en los humedales de Ruogaier.

La Reserva Natural de Zhalong, de la provincia de Heilongjiang, tiene a la grúa de corona roja y otras aves silvestres raras como objeto de protección.

especies de aves entre las cuales se cuentan 32 especies de la protección estatal con prioridad, como la grúa de corona roja, grullas y otros, y 108 especies que pertenecen a la protección del Acuerdo sobre las Aves Migratorias chino-japonés. Esta región es un paraje importante donde posan y pasan el invierno durante la migración, las aves del interior del noreste asiático y la Cuenca del Pacífico.

La Reserva Natural de los Humedales de Nivel Nacional de Ruogaier de Sichuan, situada en el Condado Ruogaier, la Prefectura Autónoma de Aba Tibetana y Qiang, clasifican a la reserva natural del ecosistema integral de humedales. Dicha reserva tiene una superficie de 166570,6 hectáreas que fue aprobada por el Ministro de Estado como reserva natural de nivel nacional en 1998, con el ecosistema de humedales pantanosos altos y fríos y los animales raros incluyendo la grúa de cuello negro como principales objetos de protección. En 2005, la reserva de Ruogaier fue nombrada como la de los humedales más bonitos de China por la revista *Geografía Nacional*.

Los humedales son el ejemplo típico del ecosistema de los humedales de meseta, llamados como los de mayor superficie, más originales y mejores sin deterioros humanos del mundo, por los expertos de tal terreno. Dentro de tal región las turberas son ampliamente desarrolladas, el clima es frío y húmedo, con una altura máxima sobre el nivel del mar de 3.697 metros y una mínima de 3.422 metros. En dichos humedales las vegetaciones pantanosas se desarrollan bien, el ambiente ecológico es muy complicado, la estructura del ecosistema es integral y la biodiversidad es abundante. Son muchas las especies únicas por lo que es una de las zonas prioritarias para la biodiversidad china y una de las regiones con especies más abundantes en las altas zonas montañosas del mundo. Según las investigaciones iniciales, en tal región hay 207 especies de plantas (abarcando hongos) entre las cuales se incluyen las plantas de protección estatal prioritaria como clover estrella y cordyceps sinensis; viven 218 especies de vertebrados entre las cuales se cuentan más de 30 especies de animales salvajes de protección estatal prioritaria como la grúa de cuello negro, hu vultures, vultures, gran cisne y otros. Además éste también es uno de los puntos de reproducción de las grúas de cuello negro, con una cantidad de más de 480 cada grupo.

En los últimos años se redujeron las aguas superficiales de los humedales de Ruogaier, presentando un fenómeno de agotamiento del ecosistema y desertificación de los humedales. Además, la reserva está rodeada y dividida por tres recorridos, lo que también afecta la subsistencia de los anfibios, los mamíferos y las aves. Este fenómeno causa alarma y la atención de los departamentos y personas relacionados.

Es la mayor región donde se distribuyen los pantanos y la Llanura de Sanjiang, una llanura aluvial con una superficie de 5 millones de hectáreas, situada en la intersección de los ríos Heilongjiang y Wusuli. Sanjiang representa al río

La construcción del ferrocarril presta atención a la protección ecológica.

Heilongjiang, al río Wusuli y al río Songhua. En esta región se encuentra la Reserva Natural de Nivel Nacional de Sanjiang y la de Honghe. La de Sanjiang, situada en la parte norte de la Llanura de Sanjiang, bañada con el río Heilongjiang al norte, con el río Wusuli al este y limitada con Rusia, tiene una superficie total de 198.100 hectáreas. En la reserva hay 38 especies de mamíferos, 231 especies de aves, 7 de reptiles, 5 de anfibios y 77 de peces incluyendo animales de protección estatal prioritaria como la grúa oriental, grúa de corona roja, squamatus, buitre de oro, águila de mar con cola blanca y águila marina de Jade. La reserva de Honghe con una superficie total de 21835,7 hectáreas, situada en el interior de la Llanura de Sanjiang, fue incluida en los humedales internacionales importantes en enero de 2001. En tal zona hay 173 especies de aves abarcando la grúa oriental, grúa negra, grúa de corona roja, grúa de cuello blanco, pato mandarín, gran cisne, águila de mar con cola blanca, águila de mar con cabeza de tigre, águila negra, su gallo negro y otras aves protegidas por el Estado.

Los humedales urbanos forman una parte importante del sistema verde urbano. Los humedales tienen una función relevante para la protección de la biodiversidad urbana, la construcción del paisaje urbano y la construcción ecológica y ambiental urbana. Con el aceleramiento de la urbanización china, se agrava la tendencia a la desaparición y reducción de la superficie de los humedales urbanos, disminuye la función de ajuste y se destaca el fenómeno de eutrofización. La protección china para los humedales urbanos se presenta en dos aspectos. Uno es construir reservas naturales de humedales; el otro es construir parques de humedales urbanos, incluyendo los adecuados en la planificación verde urbana, estableciendo parques con funciones de protección, generalización de conocimientos científicos y recreación por explotación y protección razonables. En febrero de 2005, el Ministerio de Construcción de China promulgó *el reglamento nacional sobre los parques de los humedales urbanos,* que ofrece apoyo jurídico para la protección de los parques nacionales de los humedales urbanos. En 2004, el Parque de los Humedales Urbanos de Sanggouwan del municipio de Rongcheng de la provincia de Shandong pasó a ser el primer parque nacional de los humedales urbanos de China. Hasta marzo de 2009, China ha publicado una lista de cinco grupos de parques nacionales de humedales urbanos, con 30 tales parques actualmente.

La recuperación ecológica

Con una historia de miles de años de explotación y gran presión de la población, los ecosistemas chinos de diversos tipos fueron explotados, intervenidos y deteriorados en diferentes grados. El ecosistema se agota y se baja su función de servicio ecológico como la de conservar el origen del agua, prevenir el viento y fijar la arena, controlar las inundaciones, mantener la tierra y proteger la biodiversidad; por lo que la recuperación ecológica se ha convertido en una tarea urgente. En los últimos años, China ha tomado una serie de medidas para promover la recuperación ecológica con la meta de que llegue a 300 mil metros cuadrados la superficie de restauración ecológica, y a 22 millones de hectáreas, la del tratamiento de desertificación.

Es un ejemplo típico la recuperación ecológica a lo largo del ferrocarril de Qinghai-Tibet, que pasa por la Meseta Qinghai-Tibet, una zona considerada por el Fondo Mundial para la Naturaleza como la prioritaria de la protección mundial de la biodiversidad, debido a su especialidad y vulnerabilidad ambientales. El proceso de construcción del ferrocarril fue elegido estrictamente por los departamentos de protección ambiental y las entidades de construcción, afectando mínimamente al ambiente ecológico local. Pero debido a la construcción y las actividades humanas, ha influido en cierto grado en el crecimiento de las vegetaciones del ámbito limitado. Las investigaciones sobre la recuperación vegetal se encaminan a estas regiones.

Desde 2001, se han efectuado los trabajos relacionados con la recuperación vegetal a lo largo del ferrocarril Qinghai-Tibet. Los investigadores eligieron las semillas originales de la meseta para experimento y estudian cuáles plantas son adecuadas para la plantación artificial, si pueden crecer y desarrollarse las plantas artificiales en las condiciones naturales de la meseta, si pueden pasar el invierno sin problemas y si son estables los grupos de las plantas después de su formación. Los departamentos de investigación han establecido las bases experimentales respectivamente en el río Tuotuo de la provincia Qinghai, la cuenca del río Beilu y el condado Anduo de la Región Autónoma del Tibet. Estas investigaciones pueden asegurar que se pueden empezar los trabajos de

El paisaje de otoño
de los terrenos
areniscos de Hun-
shandake.

recuperación vegetal al terminar la construcción del ferrocarril, al mismo tiempo los resultados de estas investigaciones
van a ser aplicados a la cobertura vegetal de la pendiente
del ferrocarril y a su protección.

Tienen significados inspiradores los experimentos para la
recuperación de la ecología agotada efectuados en los terrenos areniscos de Hunshandeke de Mongolia Interior, por el
Instituto de Botánica de la Academia Social de China. Este
lugar tiene una distancia directa de 180 Km. a Beijing, con
una fuente de arena más cercana a la capital, con el nombre
de jardín en el desierto por su paisaje singular y aguas y
hierbas abundantes. Con un clima de sequía prolongada y
sobrepastoreo, los pastizales se agotan, los ríos y lagos se
reducen, se agrava la desertificación y pasa a ser uno de los
orígenes de polvo principales que afectan Beijing.

Los experimentos de cinco años seguidos de la Academia
Científica de China, muestran que para el tratamiento de los

terrenos areniscos de Hunshandake no se necesitan utilizar medidas como forestación a gran escala y la siembra aérea a gran escala, sino que se aprovechan las fuerzas naturales para que se recuperen obedeciendo las leyes naturales. Los métodos tomados por la Academia Científica de China como mantener la rehabilitación del cultivo y la recuperación por las fuerzas naturales, sólo tienen un coste de 20 yuanes cuya mayor parte se dedica a resolver los problemas difíciles como los de agua, electricidad y caminos. Lo que se gasta realmente en la recuperación ecológica es nada más que 4 yuanes en las vallas. Por este modo de recuperación ecológica donde la pradera, los arbustos y los árboles naturales son todos locales, se logran rendimientos notables en aspectos de ecología, sociedad y economía.

Biodiversidad

La biodiversidad se refiere a los complejos ecológicos compuestos por los seres vivos y sus circunstancias y la suma de los procesos ecológicos relacionados, abarcando animales, plantas, microbios, sus genes y los complicados ecosistemas que forman estos microbios en su ambiente de subsistencia. La biodiversidad es el carácter básico del sistema de vida, incluyendo tres niveles estrechamente relacionados: la diversidad genética, la de especies y la del ecosistema, con la de especies como núcleo. La biodiversidad es la base sobre la cual los seres humanos subsisten y se desarrollan, por lo que constituye la responsabilidad común del mundo la protección de la biodiversidad. 2010, el año de la biodiversidad internacional determinado por las Naciones Unidas, tiene el lema de que la Biodiversidad es Vida, Nuestra Vida. China cuenta entre los países más ricos en la biodiversidad del mundo, por eso la protección de la biodiversidad china es significativa. China también ha logrado éxitos espectaculares en este terreno.

La biodiversidad china y su protección

En China abundan las plantas, los animales, los microbios y las diversas combinaciones ecológicas por su vasto territorio, su complejidad y diversidad de condiciones naturales y su antigua historia geológica. China es uno de los 12 países con mayor biodiversidad del globo. Esto se expresa de la manera siguiente: primero, la variedad del tipo de ecosistema. China tiene todos los tipos de ecosistemas del hemisferio norte, incluyendo principalmente: bosque, llanura, desierto, campo agrícola, los humedales, océano, etc; cerca de 595 especies. Segundo, la abundancia de especies biológicas. Con su vasto territorio, complejidad de configuración geográfica y clima, la cobertura de las regiones fría, templada y tropical del sur al norte, la diversidad del ambiente

ecológico y una proporción del 80% de mesetas y regiones montañosas, China fecunda recursos de animales y plantas silvestres. El país es uno de los orígenes de plantas para las semillas del mundo, incluyendo los elementos de origen del viejo continente norte, viejo continente sur y Mar Mediterráneo viejo. En cuanto a los animales, concurre la mayor parte de las especies de paleártica y del Oriente.

Además de peces, China tiene 2.619 especies de vertebrados entre los cuales ocupan 581 especies de mamíferos, 1.331 de aves, 412 de reptiles y 295 de anfibios. Tiene 2.200 especies de briófitos, 2.200-2.600 de helechos. Con unas 250 especies de 34 géneros de 10 familias de gimnospermas, China es el país más rico de gimnospermas. Tiene más de 30.000 especies de 3.123 géneros de 328 familias de angiospermas. Además el país tiene más de 3.000 especies de insectos registrados.

Al mismo tiempo, es alta la particularidad de las especies chinas. Entre los vertebrados, ocupan 667 las especies

La Montaña de Namjagbarwa, situada en el Tíbet, donde la distribución vertical de animales y plantas tiene un cambio notable, lleva el nombre de Museo Natural de los Tipos de Vegetación en las Regiones Montañosas Mundiales.

Se conservan muchas especies de animales y plantas silvestres preciosos en los bosques de Shennongjia de la provincia Hubei, un lugar donde el paisaje es pintoresco y el clima es confortable.

únicas; entre más de 30 mil plantas superiores, tienen unos 17.300. China tiene centenares de animales silvestres en peligro de extinción como: panda gigante, ibis, mono de oro, tigre del sur de China, antílope tibetano, faisán, caimán, cocodrilo lagarto de Yaoshan y otros; especies únicas de China y las relictas antiguas como abeto, metaseoquoia y otros.

Tercero, son muchas las especies de valor económico, las domesticadas y sus familias silvestres. China es uno de los orígenes mundiales de las plantas cultivadas, explotando, formando y reproduciendo un gran número de plantas cultivadas y animales domésticos desde hace mucho tiempo, con una abundancia incomparable en el mundo. Tienen su origen en China: arroz, soja, mijo, manzana, pera, ciruela, caqui, kiwi, litchi chino, longan, níspero y otros. Al mismo tiempo en China existen muchas familias silvestres de las plantas cultivadas como arroz silvestre, cebada silvestre, soja silvestre, té silvestre, manzana silvestre y otros.

La biodiversidad china ocupa una posición importante en el mundo, por eso proteger la biodiversidad china es de gran relevancia. En China se ha establecido el régimen jurídico inicial para la protección de la biodiversidad y se han realizado los proyectos ecológicos de gran escala e importancia como la reintegración de tierra laborada a bosque, la de pasto a hierba, la de campo cultivado a lago, la protección de los bosques naturales, la protección de animales y plantas silvestres, la protección de las reservas naturales, entre otros. También publicaron el *Plan de Acción de la vida acuática de China y el Plan Nacional de la Gestión y Protección de las Especies Biológicas*. Han recibido protección efectiva un 85% del ecosistema natural del continente, un 47% de los humedales naturales, un 20% de los bosques naturales, la mayor parte de monumentos naturales, un 65% de las comunidades de las plantas superiores y la mayor parte de los animales y plantas silvestres raros en peligro de extinción y con protección estatal prioritaria .

La protección de la biodiversidad de China todavía afronta gran presión y reto riguroso. Es difícil de controlar la tendencia del descenso de la biodiversidad. Algunos parajes de hábitat sufren amenazas. Bastantes recursos genéticos se pierden. Todo lo mencionado arriba es la realidad innegable a la que se enfrenta el país. Según los informes de las partes relacionadas, en China, 4.000-5.000 especies de plantas superiores están en peligro de extinción o amenazadas, ocupando el 15%-20% de la cantidad total de China.

La construcción de las reservas naturales y los parques de animales y plantas

Desde la fundación de la República Popular China, el gobierno chino viene prestando atención a la protección de la biodiversidad y participando activamente en las acciones internacionales en este terreno. Además publicó una serie de leyes y reglamentos pertinentes, estableciendo reservas naturales, parques de animales y plantas y bases de reproducción artificial. En toda China se han conseguido grandes éxitos en la protección de la biodiversidad.

La construcción de reservas naturales es el método más importante, más económico y más eficiente para proteger el ambiente ecológico, la biodiversidad y los recursos naturales. Hasta fines de 2008, se han establecido 2.538 reservas naturales de diferentes tipos y niveles, con una superficie total de 148.943 millones de hectáreas. Entre ellos 303 son de nivel nacional, con una superficie de 91.203 hectáreas. Hasta fines de 2009, el número de las reservas naturales era de 2.529, con 319 de nivel nacional. China tiene 28 reservas naturales incluidas en la Red de Reservas del Hombre y la Biosfera de la UNESCO (la Organización de Educación, Ciencia y Cultura de la Naciones Unidas), con más de 20 reservas que

Es el pueblo famoso de panda, en la Reserva Natural de Wolong de la provincia de Sichuan.

La Reserva Natural de la Isla de Pájaros en el Lago Qinghai, de la Provincia Qinghai, es el hábitat de reproducción de una variedad de aves migradoras.

millones de hectáreas

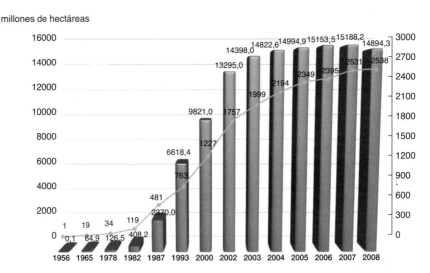

Fuentes: el *Comunicado Nacional de Estadísticas del Medio Ambiente*, de todos los años contados, publicado por la Administración Estatal de Protección Ambiental y el Anuario Medioambiental de China, de todos los años contados, publicado por la Editorial de Ciencias Medioambientales de China.

El desarrollo de la construcción de la reservas naturales: la cantidad y superficie de las reservas

forman parte de los sitios del patrimonio mundial. Se ha formado inicialmente la red nacional de reservas naturales con diferentes tipos, distribución razonable y función relativamente integral. Las especies de los animales y plantas silvestres raros que se protegen con prioridad estatal y se ven en peligro de extinción reciben protección eficiente en estas reservas naturales.

Se han fundado más de 250 bases de rescate, reproducción y crianza de los animales silvestres, más de 400 centros para las protección y crianza de las especies de las plantas silvestres o para la guardia genética de estos animales, construyendo grupos estables de población para más de 200 animales silvestres raros en peligro de extinción y miles de plantas silvestres. Además, 14 centros han sido establecidos para la domesticación de los animales raros como: panda gigante,

La Reserva Natural
de Hoh Xil de
la provincia de
Qinghai, China, y
antílope tibetano,
una especie única
de esta región.

ciervo Eld de Hainan, caimán, alce, antílope saiga, mustang, tigre siberiano y para el rescate y la protección de los animales preciosos.

Con la profundización de los trabajos para la protección de los animales y plantas silvestres como la construcción de reservas naturales y de parques de animales y plantas, y la protección y recuperación de los hábitats de las especies en peligro de extinción, se ha controlado la tendencia del descenso de la mayor parte de los animales y plantas silvestres protegidos con prioridad estatal y el desarrollo de la población se estabiliza progresivamente.

La protección de las especies raras y en peligro de extinción

El punto clave de la protección de la biodiversidad de China consiste en la de las especies raras y en las de peligro de extinción. En China se protegen con prioridad los animales como: mono de oro, ibis, caimán, antílope tibetano y las especies raras como ginko, metasequoia y abeto, además del panda gigante con fama mundial.

El panda gigante es una especie preciosa de reliquia que sólo se distribuye en China. El panda gigante silvestre sólo vive en las montañas de bambú de los 40 condados de Sichuan, Gansu y Shaanxi al este de la Meseta Qinghai-Tíbet. Los pandas gigantes, con el nombre de reliquia viviente, no sólo son tesoros nacionales de China sino también una parte importante del patrimonio natural e histórico del mundo.

Pandas gigantes viven felices en reservas naturales.

El gobierno chino dedica muchos recursos humanos y materiales a la protección del panda gigante, estableciendo desde 1.963 sucesivamente 62 reservas nacionales de pandas gigantes, con 1.590 de ellos actualmente. Al mismo tiempo, realizan las investigaciones de la crianza y reproducción de este animal. En 2006, 30 pandas gigantes nacieron por reproducción artificial, una cantidad sin precedentes. Hay 215 pandas gigantes criados dentro de las vallas.

En 1869, el misionero naturalista francés Armand David descubrió por primera vez un panda gigante en Denggouchi del condado Baoxing (de la provincia de Sichuan), una región de paso entre la Meseta Chuanxi y la Meseta Qinghai-Tíbet. Se puede decir que Baoxing es el Pueblo del Panda Gigante. El pueblo local también hace gran contribución a la protección del panda gigante, el rescate de los enfermos y hambrientos y la creación de buenas condiciones de vida para los pandas gigantes.

Son muy llamativos los monos de oro de Dian, viviendo en las Montañas de Nieve de Yunnan.

En 1983, los bambúes murieron en las regiones donde viven los pandas gigantes, lo que amenaza directamente la subsistencia de este animal. La familia de Wangquanan, un agricultor del condado Baoxing, trató 9 veces a los pandas enfermos y hambrientos. Los pandas hambrientos bajaron de las montañas para buscar algo que comer. Entradas en la plataforma de olla, al ver media olla de pan de maíz, se los comieron inmediatamente con la cabeza metida en la olla. Cuando lo descubrió el señor Wang, no lo impidió. Al pasar el tiempo, los pandas venían todas las noches y Wang también les preparaba bien los panes de maíz y huesos.

En una madrugada de marzo de 1984, el estudiante tibetano Angkabing de 12 años

Medio Ambiente de China

de edad, encontró a un panda gigante acostado en los arbustos durmiendo, en el camino a la escuela. El no lo despertó sino que volvió a la aldea e informó al director de la milicia popular Zhangshaohua, y éste juzgó que eso es causado por el hambre. Entonces le dijo a Angkabin de sacar comida para el panda y él mismo fue a informárselo al gobierno local. Angkabin trajo los panes de maíz que se habían preparado para el desayuno de los familiares, para alimentar al panda enfermo y hambriento y las leñas para calentarlo. Con su cuidado, el panda empezó a moverse. Angkabin y otras personas pasaron una noche fría acompañando al panda. Al día siguiente, los veterinarios y las milicias populares mandaron al panda a la reserva. El grupo de rescate de pandas del condado registró un mérito para Angkebing.

Los monos de oro en Shennongjia de la provincia Hubei.

Los ejemplos de rescatar los pandas enfermos, hambrientos, heridos e imposibilitados de los residentes de Baoxing son muchos y la tasa de supervivencia es alta. Según las estadísticas, 119 pandas, movilizados por el Estado de Baoxing, son por la mayor parte los enfermos, hambrientos y heridos rescatados desde fuera.

El mono de oro es un primate, de la familia del mono, del género del mono de nariz chata. Los monos de oro chinos tienen tres especies: el de Chuan, el de Dian y el de Qian. Los de Dian viven en los bosques de cedro en las montañas de nieve de Yunnan y Tíbet, con una cantidad de un mil. Los de Qian se limitan en Guizhou, con una cantidad de 700. Los de Chuan, que conoce más la gente, se distribuyen en Sichuan, Shaanxi, Hubei y Gansu, habitando en grupos dentro de los bosques de las montañas. Estos monos de oro llevan una capa de oro sobre la espalda, trepan a los árboles y saltan ágilmente. Las tres especies son animales de protección nacional de nivel I. Los de Dian y de Qian están en peligro de extinción, según el libro rojo de La Unión Internacional de Reserva de la Naturaleza, los de Chuan son de nivel de peligro fácil. En China se han establecido reservas naturales de estos monos como la Reserva Natural del Nivel Nacional en las Montañas Baima, de la provincia de Yunnan, protegiendo principalmente los monos de oro de Dian; la Reserva Natural del Nivel Nacional en las Montañas Fanjing protegen principalmente los de Qian; la reserva de Xizhi de la provincia de Shaanxi y la de Shennongjia de Hubei protegen principalmente los de Chuan.

Con la construcción de las reservas naturales, el fortalecimiento de la conciencia de protección del público y la realización de los trabajos de domesticación y reproducción artificiales, aumenta la cantidad de hábitats de los monos de oro y de sus especies.

El ibis fue un ave única de las regiones del este asiático,

distribuyéndose en China, Corea, Japón y Rusia. Pero desde la década de los 60 del siglo XX, casi desaparecieron. En la segunda parte de la década de los 70, los expertos de aves empezaron a buscar ibis y por fin encontraron 7 de ellos en Yaojiagou del condado Yang de la provincia Shaanxi. Este descubrimiento causó sensación en el mundo. Después hicieron trabajos de protección e investigación científica de ibis en China y lograron

Los ibis que viven en la Base de Liberación de Ibis de Ningxia de la provincia de Shaanxi.

éxitos notables, especialmente en su crianza y reproducción, con la primera incubación artificial exitosa. Hasta 2006, con una cantidad de ibis superior a 1.000, los ibis salieron de su destino de extinción. Se trata de un milagro de China en el rescate de animales silvestres.

El caimán es único en China, especie única de cocodrilo de reliquia en las regiones templadas desde la antigüedad. El caimán, con un cuerpo de 2 metros de largo, es bueno en la natación y permanece en agua, construyendo sus nichos en las playas de ríos y lagos y en las hierbas de vegetación tensa. En China se ha establecido la Reserva Natural de Caimán del Nivel Nacional de Anhui y la del Changxin de Zhejiang y otras. La cantidad de caimanes es muy pequeña y hace aumentar la especie de este animal de manera relativamente rápida a través de combinar la protección local y la reproducción artificial, evitando el peligro de extinción de tal especie.

El alce, una especie única de ciervo de humedales de China, se extinguió en el territorio chino en 1900. Afortunadamente hay una cantidad pequeña en Europa, criados en el Templo de las Tortugas de Inglaterra. En 1985, China recibió el primer grupo de 39 alces del extranjero. La comunidad de especie se hace mayor y llevan a buen fin el proyecto de reintegración de volver a la naturaleza. Hasta junio de 2006, alcanza 1.007 la cantidad de alces en la Reserva Natural de Alce de Dafeng de la provincia de Jiangsu, pasando a ser la primera reserva natural del mundo con más de mil alces. En esta reserva empezó el proyecto de la Devolución del Alce Silvestre desde 1998, formando un grupo de 118 alces silvestres en la actualidad.

El ciervo Eld de Hainan, una especie en peligro de extinción según el libro rojo de IUCN, sólo se distribuye en la isla de Hainan. En la década de los 70 del siglo XX, la cantidad de este animal se redujo a 26, todos concentrándose en la Reserva Nacional del Nivel Nacional de Datian

Los ciervos Eld que viven en el Parque de Animales y Plantas Silvestres Tropicales.

Los bosques de abeto en el lago Siwan del condado Jinhu de la provincia de Jiangsu, son jardines donde se reproducen y posan las garcetas.

de Hainan. Con el éxito logrado en los trabajos de domesticación y reproducción, la cantidad va aumentando. Desde 2003, el Centro de Protección Natural de Animales y Plantas Silvestres de la provincia de Hainan empezó a transportar a los ciervos Eld de Hainan a los pastos y bosques de Baisha, Tunchang, Danzhou, Wenchang y otros lugares para que puedan volver a vivir en la naturaleza, estableciendo progresivamente comunidades reales de ciervos Eld de Hainan. En 2007, con una cantidad de 1.785, los ciervos Eld de Hainan se libraron del destino de extinción, pasando a ser una de las especies con éxitos más notables que China haya logrado en la protección de los animales silvestres en peligro de extinción.

El tigre siberiano, el mayor animal existente de la familia del gato, se distribuye principalmente en las montañas Xiaoxing Anling y las Changbai. Con un físico vigoroso y movimientos ágiles, lleva el nombre de Rey de la Selva. En China sólo viven unos 20 tigres siberianos silvestres, animales con protección nacional de primer nivel, en peligro de extinción según el libro rojo de la IUCN. Desde la década de los 50 del siglo pasado, China empezó a prohibir la caza del tigre siberiano. Se establecieron la Reserva Natural Original de Pinus de Fenglin en la provincia de Heilongjiang, el pueblo de tigre siberiano, en 1958, y la Reserva Natural del Nivel Nacional en Huichun de la provincia de Jilin, la región donde viven los tigres siberianos, en 2005. Se fundó la base de crianza y reproducción del tigre siberiano en 1986, dedicándose a la investigación de la tecnología de crianza y reproducción de este animal, con más de 620 tigres siberianos viviendo allí. Con la medida de combinar la protección local y la reproducción artificial, la comunidad de tigres siberianos aumentaron, evitando básicamente el peligro de extinción.

Llevan el nombre de tesoro nacional y reliquia viviente: ginkgo, metasequoia y abeto, como especies raras mundiales únicas de China. Distribuidos extendidamente antes en el hemisferio norte, hasta el cuaternario glaciar cenozoico, se extinguieron en la mayor parte de las regiones con excepción del ginkgo en las regiones montañosas del oeste, la metasequoia en los barrancos cerca de la unión de Sichuan y Hubei y el abeto en la parte este de la Montaña Dalou de Guangxi y Sichuan y en las ramificaciones de la montaña Yuechengling que se convierten en especies del tesoro.

El ginkgo se llama también árbol de Baiguo o Gongsun. Los ginkgos silvestres se distribuyen en las regiones subtropicales del monzón. China, el pueblo de ginkgo, también es el país donde lo cultivan, usan e investigan más temprano y logran más éxitos en este terreno. En China se han establecido las reservas naturales para proteger los ginkgos silvestres en las montañas Tianmu de Zhejiang, Dabie y Shennongjia de Hubei.

En la década de los 40, en China descubrieron la metasequoia, un descubrimiento que causó la vibración del mundo. La Reserva Natural construida en 1988 en la Montaña Beidouxing de Hubei, tiene la comunidad de metasequoia silvestre y su ambiente ecológico como objeto de protección. Hasta hoy en día, hay más de 50 países que han introducido la metasequoia desde China.

El abeto, una planta del género monotípico de pinaceae descubierta en China en la década de los 50 del siglo XX, vive al principio sólo en Huaping del condado Longsheng de la provincia de Guangxi y en Jinfoshan del condado Nanchuan de la provincia de Sichuan. Hasta hoy en día, los abetos se distribuyen en más de 30 lugares de los 10 condados de las provincias de Guangxi, Hunan, Sichuan y Guizhou. Tras descubrir esta planta, los gobiernos locales y los departamentos pertinentes prestaron atención y tomaron medidas de protección. Se han establecido las reservas naturales en Huaping de Guangxi y Jinfoshan de Sichuan con el fin de proteger el abeto, realizando al mismo tiempo los trabajos sobre la reproducción, la introducción y la siembra del abeto.

No todas las especies raras y en peligro de extinción tienen tan buena suerte. El tigre del Sur de China, la especie única de China, se llama también tigre chino. Sólo crían menos de 100 tigres de este tipo en los parques de animales y las bases de reproducción y se han extinguido en el campo desde hace mucho tiempo. En 2007, se anunció que habían tomado una foto del tigre del sur de China en la provincia de Shaanxi, lo que atrajo mucha atención, pero se comprobó que la foto era falsa. La fuerte atención del público expresa su preocupación por el destino del tigre del Sur de China. Es igual el destino del delfín chino de río, también una especie única de China. En 1986, vivían 300 y se redujeron a 7 hasta 1998. En los últimos años, no se han descubierto sus rastros. Además el destino de las especies como el antílope tibetano también causa la preocupación y atención del público.

El control de las especies exóticas invasoras

Se llama invasión biológica al fenómeno de hacer silvestre alguna especie introducida desde fuera natural o artificialmente y que hace cierto daño al ecosistema local. La invasión biológica es uno de los factores que amenaza la biodiversidad local. En la actualidad hay más de 400 especies exóticas invasoras en China, entre las cuales unas 100 hacen gran daño. En la lista de los 100 especies exóticas más amenazadas del globo publicada por La Unión Mundial para la Naturaleza, China tiene más de 50 incluidas.

Desde la entrada al siglo XXI, China ha profundizado el conocimiento de la invasión biológica y fortalecido la administración sobre la seguridad de las especies exóticas invasoras a través de las cooperaciones por diferentes vías y de diversos departamentos y la participación en la cooperación internacional. En 2003, la antigua Agencia Estatal de Protección Ambiental y la Academia de Ciencia emitieron conjuntamente la lista del primer grupo de las especies exóticas invasoras en la que se incluyeron 16 especies como eupatorium, ambrosía, spartina, cunea hyphantria, ponea canaliculata, etc. En 2005, el Ministerio de Agricultura estableció y promulgó el *Plan de Emergencia de las Plagas Agrícolas y Especies Exóticas Invasoras*. El 6 de septiembre de 2005, China pasó a ser un país firmante del *Protocolo sobre la Seguridad Biológica de Cartagena*.

China realiza activamente las actividades para investigar y

La lista de las especies exóticas invasoras de China

El primer grupo de las especies exóticas invasoras		El segundo grupo de las especies exóticas invasoras	
Plantas	Animales	Plantas	Animales
Eupatorium, mikania, alternanthera, ambrosía, trigo tóxico, spartina, odoratum, jacinto de agua, halepense	Polilla de caña de azúcar, pino cochinilla, tomicus potente, cunea hyphantria, caracol gigante africano, ponea canaliculata, rana mugidora.	Lantana, phaseoloides ambrosía, grandes, solidago canadensis, la hierba tribulus terresris, guayule, bidentis, chenopodium ambrosioides, amaranthus spinosus, cordífolia	Avispa biliar del árbol de eucalipto, gorgojo de agua de arroz, hormiga de fuego rojo, procambarus camarones, polilla de manzana, minero de la hoja de trébol, pinos, takagi, escarabajo de la hoja de coco.

Las espartinas rodean los manglares en el municipio de Fu'an de la provincia de Fujian.

controlar las especies exóticas invasoras, fundando la base de datos y el sistema de vigilancia de las especies exóticas. En 2005 los departamentos relacionados recolectaron datos de más de 300 especies exóticas, construyendo la base china de datos de las especies exóticas, editando *la Lista de las Principales Especies Exóticas Invasoras Agrícolas y Forestales de China*. En 2006, se realizaron investigaciones sobre las especies exóticas invasoras en 26 reservas naturales de nivel nacional y erradicaron concentradamente las especies exóticas invasoras con una superficie de erradicación de 14.430 mil Mu. Con la cooperación de diferentes departamentos, China consiguió grandes progresos e importantes éxitos en la prevención y el tratamiento de la invasión biológica, protegiendo eficientemente la biodiversidad y la seguridad biológica. En enero de 2010, el Ministerio de Protección Ambiental y la Academia de Ciencia de China emitieron conjuntamente otra vez la lista del segundo grupo de las especies exóticas invasoras, abarcando 10 plantas como lantana, phaseoloides ambrosía y otras y 9 animales como avispa biliar del árbol de eucalipto, hormiga de fuego rojo, entre otros.

La espartina es una de las plantas que se incluyen en la lista negra del primer grupo de las especies exóticas invasoras de China, una planta herbácea perenne con características de resistencia a la salinidad y sequía y con un sistema de raíz desarrollado. Entre la década de los 60 y la de los 80 del siglo pasado, China introdujo esta especie en otros países como Inglaterra y Estados Unidos con la esperanza de resistir el viento y las olas y proteger las costas. Pero después el intenso crecimiento de la espartina condujo al desequilibrio ecológico de la playa, el bloqueo del canal y la muerte de la vida marina causada por asfixia, por lo que se la ha llamado, después, hierba de desastre. En China hay más de 50 millones de Mu de espartina. A lo largo de estos años, se han tomado los métodos de cortar con cuchillo, quemar y matar con herbicida en diversas regiones, pero tienen efectos limitados.

Con el apoyo gubernamental, los científicos chinos realizan activamente las investigaciones para el tratamiento y el uso integrales de la espartina. Según el descubrimiento del equipo del proyecto relacionado de la Universidad Agrícola y Forestal de Fujiang, la erradicación de la espartina bajo lodo tiene mejores efectos. Otros expertos, a través de experimentos, extrajeron con éxito azúcar de espartina, e identificado como un medicamento o un alimento saludable ideal. En la actualidad, según el descubrimiento de los científicos, la espartina es posible de convertirse en una fuente enérgica biológica de alta limpieza. Según la determinación experimental, se pueden ahorrar 1-1,5 toneladas de carbón, si utilizan un Mu de espartina gasificada para la generación de energía. Si se aplicara esta tecnología, el problema de la espartina se trataría radicalmente.

La participación activa en las acciones internacionales para proteger la biodiversidad

Con el desarrollo de la sociedad humana, la protección de la biodiversidad pasa a ser una tarea ardua a largo plazo. El rescate y la protección de la biodiversidad son una obligación de cada país y de cada persona.

El gobierno chino presta mucha atención a las cooperaciones y coordinaciones internacionales en la biodiversidad. En 1993, China se integró al Tratado de la Biodiversidad y publicó enseguida el *Plan de Acción sobre la Protección de la Biodiversidad de China*, formando un equipo de coordinación sobre el cumplimiento del tratado, compuesto por 24 departamentos pertinentes, tomando parte activa 9 veces en la conferencia de las partes firmantes y jugando un papel importante de los procesos de las diversas negociaciones del tratado. En la actualidad el equipo tiene 22 entidades miembros.

Con los trabajos de cumplimiento del tratado, el gobierno chino organizó la edición de la *Planificación Nacional de la*

❶ Enlace de datos

Tratado de la biodiversidad

Se trata de un tratado internacional para proteger los recursos biológicos del globo, aprobado en la séptima conferencia del comité de negociación gubernamental planteada por el Departamento para la Planificación Ambiental de la Naciones Unidas el 1 de junio de 1992 en Nairobi, firmando los países signatarios en la Conferencia de la Naciones Unidas sobre el Medio Ambiente y Desarrollo en Río de Janeiro, Brasil, el 5 de junio de 1992. El tratado entra en vigor desde el 29 de diciembre de 1993, un convenio legalmente vinculante con el fin de proteger los animales y plantas en peligro de extinción y los diversos recursos biológicos del planeta para el beneficio de las generaciones presentes y futuras. Actualmente el tratado tiene 189 países signatarios, el ambiental con más países firmantes del globo. China entregó el documento de integración el 5 del enero de 1993.

El 7 de noviembre de 2005, se celebró el acto de firma del proyecto de cooperación sobre la protección de la biodiversidad entre China y la Unión Europea. Se trata de una foto en la que los presentes relacionados celebran con un brindis.

Protección y Utilización de las Especies de los Recursos Biológicos en 2004. En 2006, China puso en marcha el *Proyecto Marco Chino de la Asociación de la Biodiversidad* y *el Proyecto de la Biodiversidad entre China y la Unión Europea.* El 22 de mayo de cada año, se realizan las actividades de promoción y educación que tienen diversas formas y abundante contenido, formando un buen ambiente social de protección de la ecología y la biodiversidad. Con una serie de cooperaciones internacionales y esfuerzos en todos otros aspectos, China ha establecido la red de información de la protección de la biodiversidad y el sistema de monitoreo de la biodiversidad, promoviendo la construcción de las políticas y el régimen de leyes, impulsando los trabajos de protección de la biodiversidad y ampliando la influencia internacional de la protección de la biodiversidad de China.

2010 es el año de la biodiversidad internacional, determinado por las Naciones Unidas. China modificará y publicará el *Plan de Acción y Estrategia de la Protección de la Biodiversidad de China*, esforzándose para coordinar las relaciones entre el desarrollo social y económico y la protección de la biodiversidad. China fortalecerá la comunicación y asociación de los diferentes departamentos del equipo del cumplimiento del tratado, ampliando la participación del público, intensificando cooperaciones internacionales y haciendo esfuerzos incesantes para promover la protección y la utilización sostenible de la biodiversidad planteadas por el Tratado de la Biodiversidad y para otros tres objetos como compartir beneficios de manera justa.

Control y tratamiento de la contaminació

Los iniciales conocimientos de China sobre el problema medioambiental comenzaron con la contaminación del aire. Con el desarrollo de alrededor de 40 años, el conocimiento de China sobre el problema medioambiental se ha vuelto más profundo. El ahorro de energías y reducción de emisiones se han convertido en las tareas importantes del "Undécimo Plan Quinquenal", mientras la rebaja del consumo de energías y la disminución de las principales emisiones han llegado a ser los cardinales indicadores comprometidos. Esto es tanto una elección inevitable para construir la sociedad economizadora de recursos y amigable con el medio ambiente como el único camino hacia la resolución del problema ambiental para el ser humano. En los últimos años, el gobierno chino ha propuesto aplicar el programa integral de trabajo del ahorro de energías y la reducción de emisiones, junto con promulgar la ponencia nacional dirigida al cambio del clima. Con el impulso de esta serie de políticas, el control y tratamiento de la contaminación de China se han intensificado sin cesar y los trabajos del ahorro de energías y la reducción de emisiones han conseguido resultados notables.

China no ha realizado todos los indicadores del "Décimo Plan Quinquenal", hasta 2005, la emisión de dióxido de azufre ha ido aumentando en un 27,8% y la Demanda Química de Dióxido disminuyendo sólo en un 2,1% sin cumplir el objetivo de control de reducirlo en un 10%. En 2007, China programó el *"Undécimo Plan Quinquenal Estatal de Protección Ambiental"*, tomando la prevención de contaminación como lo más importante y la disminución de la Demanda Química de Dióxido y la de la emisión de dióxido de azufre como los indicadores comprometidos (indicadores que tienen que realizar los gobiernos mediante la asignación racional de recursos públicos y el uso efectivo del poder administrativo) para asegurar que las emisiones de los dos principales contaminantes disminuyan en un 10% hasta

2010 en comparación con 2005.

Para intensificar la supervisión y gestión ambiental y cumplir el objetivo de la disminución de las emisiones de contaminantes del "Undécimo Plan Quinquenal", en 2007, China decidió llevar a cabo la primera encuesta de las fuentes de contaminación en el ámbito nacional con el fin de captar plenamente la situación de las emisiones de contaminantes. Los trabajos de protección ambiental de China han entrado en una etapa nueva. Durante los primeros cuatro años del "Undécimo Plan Quinquenal", han obtenido grandes progresos los trabajos de tratamiento de contaminación y disminución de emisiones.

El control y tratamiento de la contaminación del aire

El "Undécimo Plan Quinquenal" de China señala que hasta 2010, los dos indicadores comprometidos en la disminución de emisiones de contaminantes, la Demanda Química de Dióxido y la emisión de dióxido de azufre, deben reducirse en un 10% respectivamente, es decir, que la Demanda Química de Dióxido disminuirá de 14.142 millones de toneladas en 2005 a 12.728 millones y la emisión de dióxido de azufre reducirá de 25.494 millones de toneladas a 22.944 millones.

A través de la aplicación de desulfuración de plantas eléctricas y la construcción de fábricas de tratamiento de aguas residuales urbanas, en 2007, ambas cantidades de emisiones de dióxido de azufre y la Demanda Química de Dióxido disminuyeron por primera vez. En 2008, ambos indicadores siguieron manteniendo la buena tendencia de disminución, entre los cuales la totalidad de la emisión de dióxido de azufre fue de 23.212 millones de toneladas, reduciendo en un 5.95% en comparación con el año anterior

La cantidad total de emisión de dióxido de azufre

La cantidad total de emisión de la Demanda Química de Dióxido

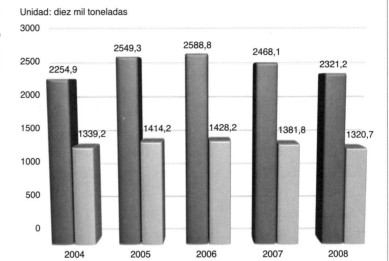

Unidad: diez mil toneladas

Fuente: Boletín Estadística Nacional del Medio Ambiente publicado en los últimos años por la Administración Estatal de Protección Medioambiental (SEPA)

Las cantidades totales de las emisiones de dióxido de azufre y la Demanda Química de Dióxido desde 2004 hasta 2008

y en un 8,95% en 2005. Esto significa también que es buena la calidad general del aire de las ciudades del país que ha conseguido una mejora con respecto al año anterior. Sin embargo, innegablemente, algunas ciudades chinas todavía sufren contaminaciones graves y la polución de lluvia ácida sigue siendo seria.

En 2008, 519 ciudades del país informaron los datos de la calidad del aire, entre las cuales 21 ciudades alcanzaron el Grado I (ocupando el 4,0%), 378 el Grado II (ocupando el 72,8%), 113 el Grado III (ocupando el 21,8%) y sólo 7 inferior al Grado III (ocupando el 1,4%). Se ha mejorado la calidad del aire de las 113 ciudades prioritarias de protección ambiental y se ha bajado la densidad tanto del dióxido de azufre como de las partículas respirables. Además de la bajada de la emisión de dióxido de azufre, la emisión de humo y polvo fue de 9.016 millones de toneladas, y la

emisión de polvo industrial fue de 5.849 millones de toneladas, disminuyendo en un 8,6% y un 16,3% respectivamente
en comparación con el año anterior. El reducir en conjunto
las emisiones de los principales contaminantes del aire indica que China ha logrado efectos considerables en el control
y tratamiento de la contaminación del aire.

Entre las 477 ciudades (distritos) supervisadas por los
departamentos de protección ambiental, 252 sufren lluvia
ácida ocupando el 52,8%. Entre éstas la frecuencia de lluvia
ácida de 164 ciudades es superior
a 25%, ocupando el 34,4% y la de
55 ciudades es superior a 75%.
Las ciudades que sufren lluvia
ácida se concentran mayoritariamente en las áreas entre el sur
del río Yangtsé y el este de las
Provincias de Sichuan e Yunan,
incluyendo la mayor parte de las
Provincias de Zhejiang, Fujian,
Jiangxi, Hunan y Chongqing junto con los deltas del río Yangtsé y
el río Perla.

Los estudios indican que la explotación, transportación
y utilización de carbón tienen gran influencia en la contaminación del aire y la quema de carbón ha consistido en la
mayor fuente de contaminación del aire de China. Se estima
que el 70% de la emisión de humo y polvo, el 85% de la de
dióxido de azufre, 67% de la de los óxidos de nitrógeno y el
80% de la de dióxido de carbono vienen de la quema de carbón, mientras el dióxido de azufre y los óxidos de nitrógeno
pueden conducir a lluvia ácida. Por lo tanto, las medidas
cardinales de controlar y gobernar la contaminación del aire
constan en reforzar el control sobre la explotación y la quema de carbón. China emplea principalmente tres medidas

En diciembre de
2006, el primer
mercado profesio-
nal de tecnologías
y productos de
ahorro de energías
comenzó el nego-
cio en Hangzhou.
Los visitantes
contemplan un
juego de modelos
de equipos de
desulfuración y eli-
minación de polvo.

de reducción de emisiones, la de proyecto, la estructural y la reguladora, para hacer descender las emisiones de contaminantes del aire como el dióxido de azufre.

En 2008, China ha aumentado 97,12 millones de kilovatios en la capacidad de unidades de desulfuración de carbón, la capacidad instalada nacional de las unidades de desulfuración ha llegado a ser de 363 millones de kilovatios y se ha incrementado del 48% del año anterior al 60% la proporción de las unidades de energía térmica de las instalaciones de desulfuración en el total de unidades de energía térmica. Además se ha establecido nuevamente un grupo de instalaciones de desulfuración de gases de las máquinas de acero sinterizado. En este mismo año, China ha eliminado y suspendido la producción para rectificar más de 1.100 empresas de papel de graves contaminaciones, ha cerrado 16,69 millones de kilovatios de pequeñas unidades de energía térmica, y ha desechado capacidades productivas atrasadas como la de acero y hierro, de color, de cemento, de coque, de química, de estampación y teñido, de alcohol, etc. A través de fortalecer la monitorización de la estadística de reducción de emisiones y la capacidad de supervisión de la aplicación de leyes, se impulsa a las empresas a subir establemente su nivel de emisiones; cumpliendo los criterios y la eficiencia integral nacional de las unidades de desulfuración de carbón se ha incrementado de 73,2% de 2007 a 78,7%.

En 2008, China publicó los resultados del examen de la reducción de emisiones de los contaminantes de todas las provincias, las comunidades autónomas y municipios y las cinco grandes corporaciones de energía eléctrica y los comunicados de indicadores de emisiones de contaminantes de la primera mitad de 2008 de dichos lugares, respecto a las regiones y empresas con problemas de relieve, tomando la decisión de suspender la Evaluación de Impacto Ambiental de los proyectos de construcción, ordenar plazo límite para rectificación o imponer sanciones económicas, respectivamente. Los gobiernos locales cambian el concepto más profundamente, transformando la manera pasiva a manera activa de la reducción de emisiones, tomando distintas medidas de indagar responsabilidades, lo que ha reforzado fuertemente el desarrollo profundo del trabajo de reducción de emisiones contaminantes. Por ejemplo, en algunos lugares, se han defenestrado los líderes responsables de los distritos que no han cumplido la meta anual, mientras se aplica el límite regional de aprobación para los distritos que han tenido progresos insuficientes en el trabajo de reducción de emisiones. Algunas provincias y municipios ofrecen apoyo a las empresas para eliminar las capacidades productivas atrasadas por medio de subvenciones financieras, mientras algunos lugares estimulan a las empresas a reducir las emisiones por el mecanismo de primas.

Desde el 1 de julio de 2008, para controlar la contaminación de emisiones de vehículos de motor, se aplican formalmente en el ámbito nacional los límites de la etapa III de *Límites y Medición de Emisiones de Contaminantes de Vehículos Ligeros (las etapas III y IV de China)* (GB18352.3-2005), abreviadamente "los criterios nacionales III". Desde el 1 de marzo de 2008, Beijing aplica el criterio nacional IV, equivalente al criterio europeo IV, en dos períodos, lo que ha mejorado la calidad del aire.

En la primera mitad de 2009, siguen disminuyendo las emisiones de los principales contaminantes de toda China,

En octubre de 2007, los técnicos de las empresas de energía eléctrica de Guangdong visitan las instalaciones de desulfuración de unidades de generadores en la ciuadad Zhanjiang.

Los vehículos de motor viajando en las calles de Beijing. En los últimos años, ha aumentado con celeridad el número de vehículos.

entre las cuales el total de emisión de dióxido de azufre fue de 11.478 millones de toneladas, reduciéndose en un 5,40% con respecto al mismo período de 2008, lo que señala que el control y tratamiento de contaminación del aire mantiene una tendencia buena.

En la actualidad, China ha llegado a ser el segundo mayor país, sólo después de Estados Unidos en las emisiones de gases de invernadero, por lo que está frente a la presión de reducir emisiones provenientes de la comunidad internacional. Sin embargo, la emisión histórica de los gases de invernadero es muy baja y la emisión per cápita siempre ha sido inferior al nivel medio del mundo, ocupando sólo el 87% de éste o el 33% del nivel de los países de organizaciones de cooperación económica. Ya sea por la emisión per cápita, o la emisión acumulada histórica o la emisión acumulada histórica per cápita, China, con larga distancia de los países desarrollados, todavía no necesita encargarse de los indicadores de reducción de la totalidad de emisiones. Pero como un país en desarrollo que tiene responsabilidad, en consideración de la seguridad enérgica y la respuesta al cambio climático, China, desde sus condiciones nacionales, ha tomado una serie de políticas y medidas, aportando una contribución positiva a la reducción de gases de invernadero y la ralentización del cambio climático.

El gobierno chino ha ajustado activamente la estructura industrial para bajar el consumo de energías. Entre 1991 y 2005, la tasa anual de crecimiento de la economía nacional de China fue de 10,2% con el soporte de un 5,6% de la tasa de crecimiento del consumo de energías. La bajada del consumo de energías significa la reducción de emisiones. La quema de una tonelada de carbón puede producir 40 kilos de dióxido de carbono, 9 kilos de dióxido de nitrógeno, 100 kilos de cenizas. Calculando por sucesión, durante 15 años entre 1991 y 2005, China ha ahorrado y disminuido el uso de energías con una acumulación de 800 millones de toneladas de carbón estándar, por medio del ajuste de la estructura económica y el aumento de eficiencia del uso energético, equivalente a una reducción de emisión de 1.800 millones de dióxido de carbono por calculando que cada tonelada de carbón estándar produce 2.277 toneladas de dióxido de carbono como en el año 1994.

Al reducir la emisión de dióxido de carbono, el gobierno chino ha desplegado con gran esfuerzo la forestación para fortalecer la construcción ecológica. En 2008, la tasa de cobertura verde urbana subió al 35,11% y la superficie de espacio verde público per cápita aumentó a 8,6 m². Estos espacios verdes han ejercido cierto efecto al absorber el dióxido de carbono del aire. Se estima que durante el período entre 1980 y 2005, la absorción neta total de dióxido de carbono por forestación china fue de 3.060 millones de toneladas, por gobernación forestal fue de 1.620 millones de toneladas, y se han reducido 430 millones de toneladas de dióxido de carbono emitido al destruir los bosques.

El control y tratamiento de la contaminación del agua

China da importancia al control y tratamiento de la contaminación del agua, especialmente a la seguridad del agua potable. En 2009, el Departamento Nacional de Protección Medioambiental, asociado con el Comité Nacional de Desarrollo y Reforma, el Ministerio de Supervisión, el Ministerio de Hacienda, el Ministerio de Vivienda y Construcción Urbana y Rural, el Ministerio de Recursos Hídricos y otros departamentos relativos, cumplió el trabajo de examinar la realización de la prevención y gobernación de la contaminación del agua denle el año 2008 de los 21 provincias, comunidades autónomas y municipios del río Hai, río Liao, las áreas de reserva de las Tres Gargantas y su curso superior, los cursos superior y medio del río Amarillo, el Lago Chao, el Lago Dianchi, el Lago Tai y otras cuencas claves. Como resultado, se ha logrado un avance positivo en el trabajo de prevención y gobernación de la contaminación del agua en

En noviembre de 2009, los trabajadores estaban sacando plantas acuáticas y basura fuera del Lago Dianchi, situado en Kunming de la Provincia Yunnan.

Una fábrica ecoló-
gica de tratamiento
del agua residual
en el Poblado
Jiaoxie del Distrito
Haian de la Provin-
cia Jiangsu.

las cuencas claves, con siete décimas del agua monitorizada
en secciones satisfaciendo los criterios de calidad y cuatro
décimas de proyectos cumpliendo la planificación de controlar la contaminación. Sin embargo, la situación de gobernar
la contaminación sigue siendo severa y es muy penosa la
tarea de mejorar la calidad del agua.

Desde la aplicación del "Undécimo Plan Quinquenal" de
China, los gobiernos locales de las cuencas clave como el río
Hai han consolidado la organización y dirección del trabajo
de prevenir y gobernar la contaminación del agua, fortalecido
la reducción del volumen total de emisiones de los principales contaminantes, mejorado la calidad del medio ambiente
acuático y acelerado la construcción de obras de control de la
contaminación. Hasta finales de 2008, entre las 115 secciones
examinadas determinadas en el "Undécimo Plan Quinquenal", la calidad del agua de 80 ha satisfecho los criterios, ocupando el 69,6% del total. Entre los 1834 proyectos de control
de contaminación incluidos en la planificación, 773 han sido
llevado a cabo, con un porcentaje de 42,1%, y 500 están en

construcción, ocupando el 27,3%, entre los cuales, los proyectos de la cuenca del río Hai han obtenido un rápido progreso mientras que avanzan relativamente lento los de la zona de la reserva de las Tres Gargantas y su curso superior.

En 2008, la emisión de la demanda química de dióxido, que tiene íntima relación con el control y tratamiento de la contaminación del agua, fue de 13.207 millones de toneladas con un descenso de 4,42% con respecto al año anterior y 6,61% en comparación con 2005. En la primera mitad de 2009, la emisión total de la demanda química de dióxido de todo el país fue de 6.576 millones de toneladas, disminuyendo otra vez en un 2,46% en comparación con el mismo período de 2008. Aunque todavía no existen pocos problemas como la eficaz baja del funcionamiento de las instalaciones de tratamiento de aguas residuales urbanas, y la agravación de la contaminación del amoníaco nitrógeno (nitrógeno total), todavía se puede decir que se desarrolla establemente el trabajo de prevención y tratamiento de la contaminación del agua de China.

En 2007, la capacidad nueva nacional de tratamiento del agua residual urbana fue de 7 millones de toneladas por día, de las que se añaden 4 millones de toneladas por día para la perfección de las instalaciones de redes de tuberías. Más de 1.400 empresas prioritarias han adoptado medidas de tratamiento profundo, reduciendo las descargas de contaminantes y han logrado avances en la eliminación de las capacidades de producción atrasadas como la fabricación de papel, la elaboración de cerveza y la saponina. En 2008, ha aumentado nuevamente la capacidad de tratamiento del agua residual urbana a 11,49 millones de toneladas por día con la nueva fundación de un grupo de proyectos de tratamiento profundo del agua residual y el continuo fortalecimiento de la magnitud de eliminación de las capacidades de producción atrasadas. Hasta fines de 2009, ha alcanzado

86,64 millones de metros cúbicos la capacidad diaria de las fábricas de tratamiento del agua residual urbana de China, subiendo en un 6,9% con respecto a los fines del año anterior. La tasa de tratamiento del agua residual urbana ha llegado a 72,3% con una subida de 2,1%. La superficie de calefacción colectiva fue de 3.560 millones de metros cuadrados, incrementándose en un 2,0%. Todos estos elementos han impulsado la bajada en común de la emisión de la demanda química de dióxido de China.

Con el despliegue de la primera encuesta de las fuentes de contaminantes, se ha notado que la cantidad de descarga de la demanda química de dióxido de las fuentes agrícolas ha superado probablemente a la de las fuentes industriales, provocando graves contaminaciones del agua, lo que ha llamado la atención tanto de los departamentos de protección medioambiental como de las personas en cuestión.

El 3 de junio de 2008, los oficiales de la ley ejecutivos del departamento de protección medioambiental del Distrito Wuli de, Provincia Shandong, están monitorizando el ruido en el lugar de construcción.

Otros tipos de contaminación y el control

En comparación con las décadas setenta y ochenta del siglo pasado, los conocimientos actuales de la población china sobre el problema medioambiental se han hecho más completos y profundos, empezando a preocuparse por otros problemas de contaminación como las contaminaciones acústica, lumínica y radiactiva.

De acuerdo con la información publicada por el Departamento de Protección Ambiental, en 2008, la calidad acústica del medio ambiente regional del 71,7% de las ciudades del país está en el nivel bueno o relativamente bueno. Las ciudades prioritarias de protección ambiental cuya calidad acústica del medio ambiente regional es buena o relativamente buena, ocupan

Medio Ambiente de China

un porcentaje del 75,2%. El 65,3% de las ciudades del país cuentan con una buena calidad acústica del medio ambiente de tráfico rodado y en cuanto a las ciudades prioritarias de protección medioambiental, este porcentaje es de 93,8%. La tasa de cumplimiento durante el día de las diferentes regiones funcionales urbanas es de un 86,4% y durante la noche es de un 74,7%.

Entre las 392 ciudades monitorizadas por el ruido del medio ambiente regional, las de buena calidad acústica del medio ambiente ocupan el 7,2%, aumentando en un 1,2% con respecto al año anterior, las de calidad relativamente buena ocupan el 64,5%, disminuyendo en un 1,7%, las de polución ligera ocupan el 27,3% con una subida del 0,9% y las de polución moderada ocupan el 1,0% con un descenso del 0,4%.

Entre las 384 ciudades monitorizadas por el ruido del tráfico rodado, el medio ambiente acústico de tráfico rodado del 65,3% de estas ciudades es bueno, subiendo en un 6,7% en comparación con el año anterior, el del 27,1% es relativamente bueno, reduciéndose en un 6,7%, el del 4,2% está ligeramente contaminado con un descenso del 1,5% , el del 2,9% está moderadamente contaminado con una subida del 1,8% y el del 0,5% está muy contaminado, disminuyendo en un 0,3%.

En este mismo año, China modificó nuevamente *los Criterios de Calidad Acústica del Medio Ambiente* (GB 3096-2008) y *los Criterios de Emisión de Ruido en el Medio Ambiente de las Fábricas de las Empresas Industriales* (GB 12348-2008). *Los Criterios de Emisión de Ruido en Medio Ambiente de la Vida Social* recientemente elaborados se pusieron en práctica el 1 de octubre de 2008. Según estos criterios nuevos, China ha expandido el ámbito de aplicación de los estándares de calidad acústica del medio ambiente desde las zonas urbanas hasta las rurales, tal como ha estipulado el límite y los medios de monitorización y evaluación sobre los ruidos de baja frecuencia.

En 2008, la calidad del medio ambiente entorno a la radiación fue buena generalmente, el nivel de radiaciones ionizantes del medio ambiente se mantuvo básicamente estable, la radiación ionizante del medio ambiente entorno a las instalaciones y equipos nucleares constituyeron un nivel ambiental normal, siendo el nivel general de radiación electromagnética del medio ambiente positivo. Pero sobrepasó los criterios nacionales la intensidad integral de campo del medio ambiente local de unas instalaciones de lanzamiento de alta potencia como torres de TV (FM) y transmisores de radio AM. Para intensificar la supervisión de la contaminación radiactiva, sobre la base de los primeros puntos de control estatal de la red nacional de monitorización del medio ambiente entorno a la radiación, China añadió 11 estaciones autónomas del medio ambiente entorno a la radiación en las ciudades prioritarias, 10 puntos de monitorización de radiación terreno, 38 puntos de monitorización del agua y agregó puntos de monitorización de alerta segura del medio ambiente nuclear entorno a 4 instalaciones importantes nucleares y de radiación. China estableció por primera vez 43 puntos de monitorización de la calidad electromagnética del medio ambiente e instaló puntos de estación de monitorización de electromagnética en torno a 41 instalaciones prioritarias de radiación electromagnética. Además, China fortaleció la construcción del sistema de monitorización de emergencias nucleares y radiación.

Además también se debe prestar atención que en 2008, la cantidad de generación de residuos sólidos industriales de todo el país fue de 1901,27 millones de toneladas aumentando en un 8,3% que el año anterior y la cantidad de emisión fue de 7,82 millones de toneladas, reduciéndose en un 34,7%. La cantidad integral de utilización (incluida la cantidad de utilización de los almacenamientos en los años anteriores) fue de 1234,82 millones de toneladas, la cantidad de almacenamiento fue de 218,83 millones de toneladas y la cantidad de eliminación fue de 482,91 millones de toneladas, ocupando el 64,9%, el 11,5%, el 25,4% respectivamente de la cantidad de generación. La cantidad de generación de residuos peligrosos fue de 13,57 millones de toneladas mientras la de utilización integral (inlcuida la cantidad de utilización de los almacenamientos en los años anteriores), la de almacenamiento, la de eliminación fue de 8,19 millones, 1,96 millones y 3,89 millones de toneladas, respectivamente.

El ahorro de energías, disminución de consumo y las energías renovables

En los últimos años, China ha conseguido un progreso en ahorrar energías y disminuir el consumo. En 2006, el consumo nacional de energías por diez mil yuanes de PIB

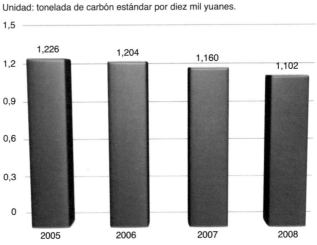

Unidad: tonelada de carbón estándar por diez mil yuanes.

Fuente: *El comunicado de indicadores del consumo de energías por unidad de PIB de todas las provincias, comunidades autónomas y municipios* de los años 2007 y 2008 publicado conjuntamente por el Buró Nacional de Estadística, el Comité Nacional de Desarrollo y Reforma y la Oficina Nacional de Energías.

El consumo de energía por unidad de PIB desde 2005 hasta 2008

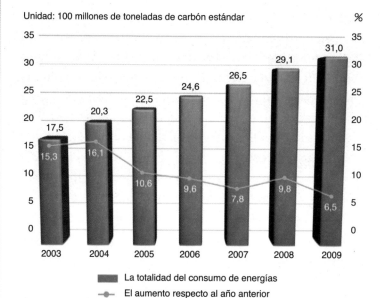

Unidad: 100 millones de toneladas de carbón estándar   %

- La totalidad del consumo de energías
- El aumento respecto al año anterior

Fuente: el *Boletín Estadístico Anual Nacional* publicado por la Administración Estatal de Estadística.

El total del consumo de energías de China desde 2003 hasta 2009

pasó de 2,68 toneladas de carbón estándar en 1990 a 1,26 toneladas, reduciéndose en un 1,33% que el año 2005, siendo la primera bajada del consumo de energía por unidad de PIB desde 2003. En la primera mitad de 2007, el consumo nacional de energía por unidad de PIB descendió otra vez en un 2,78% comparado con el mismo período del año anterior, consiguiendo una disminución en cuatro trimestres sucesivos, mientras esta cifra se redujo nuevamente en un 4,95% en 2008 que en 2007.

El descenso del consumo de energía por unidad de PIB se debe principalmente al incremento de la eficiencia de la utilización energética industrial. Según un informe de la primera mitad de 2007, entre los 35 productos principales de estadística nacional, 31 han bajado el consumo integral de energías, ahorrando la energía de 21,45 millones de toneladas de carbón estándar, entre los cuales, el consumo integral de energías por producto de 17 productos de empresas prioritarias de las siete industrias de alto consumo de energías como la de energía eléctrica, la siderúrgica, la de color, la petroquímica, la química, la de materiales de construcción y la de papel, ha descendido en diferentes grados ahorrando energía de 21,45 millones de toneladas de carbón estándar.

No basta sólo con el impulso y dirección positivos del gobierno y la aplicación de la mayoría de las empresas industriales y mineras para promover el trabajo de ahorro de energías; también se necesitan el apoyo y la participación de todas las comunidades sociales, sobre todo del conjunto de los ciudadanos urbanos y rurales. Con el motivo de implementar *el Programa Integral de Trabajo de Ahorro de Energías y Reducción de Emisiones* y fortalecer más la conciencia de ahorro de energías y protección medioambiental de toda la sociedad, China organizó y desarrolló "la Acción Nacional de Ahorro de Energía y Reducción de Emisiones" en 2007.

Con el fin de promover más el trabajo de ahorro de energías y reducción de emisiones y realizar la coordinación entre la protección medioambiental y el desarrollo económico, será una buena selección utilizar las energías verdes nuevas y renovables aparte de intensificar el control y gobernación de la contaminación. En los últimos años, China ha desarrollado con mucha velocidad la utilización de las energías eólica, solar y de biomasa.

La energía eólica de red de China empezó a desarrollarse desde los ochenta del siglo XX y fomentó muy rápido, especialmente durante "el Décimo Plan Quinquenal", la capacidad instalada total subiendo de 350.000 kilovatios en 2000 a 2,60 millones kilovatios en 2006 con una tasa anual de crecimiento superior al 30%. La capacidad instalada de energía eólica de China se situó en el décimo puesto del mundo en 2004 y subió al sexto al final de 2006.

El parque eólico de Dongfang de Hainan

El desarrollo de las fábricas de energía eólica de red ha pasado por tres etapas: la etapa de demostración (desde 1986 hasta 1992) durante la cual las principales actividades fueron establecer pequeños parques eólicos de demostración aprovechando las donaciones y préstamos exteriores; la etapa de la fundación de industrialización (desde 1994 hasta 2003), la cual en 1994, el Estado estipuló que los departamentos de administración de las redes eléctricas debían permitir a los parques eólicos acceder a las redes de cerca y adquirir toda la potencia eléctrica; la etapa de magnitud y de nacionalización (desde 2003 hasta ahora) en la cual el Comité Nacional de Desarrollo y Reforma ha promovido los proyectos de concesión de energía eólica desde 2003 cuyo objetivo principal consistía en expandir la magnitud de exploración, aumentar la capacidad de las fábricas de los equipos domésticos y reducir el precio de la electricidad. En noviembre de 2007, se puso en operación la primera central eólica en el mar diseñada, fundada e instalada independientemente por China National Offshore Oil Corp., lo que indica que China ha obtenido un avance sustancial en el desarrollo de la energía eólica en el mar. Esta central, localizada en el campo petrolífero Suizhong 36-1 del Mar Bo, a 70 kilómetros mar adentro y a 30 metros debajo del mar, podría producir 4,40 millones de kwh y podría disminuir 1.100 toneladas del consumo de diesel por año a la vez que reduciría las emisiones de 3.500 tonelada de dióxido de carbono y 11 toneladas de dióxido de azufre.

En los años recientes la energía eólica se ha desarrollado rápidamente. Hasta 2008, han habido 11.869 unidades acumuladas de energía eólica con una capacidad instalada de 12,21 millones de kilovatios, lo que ha superado la meta de 10 millones de kilovatios de capacidad instalada de la energía eólica en 2010. En 2008, la capacidad instalada nueva de China ocupó el segundo puesto en el mundo, sólo después de Estados Unidos. En la actualidad, la energía eólica de China se distribuye en 24 provincias (comunidades autónomas, municipios) entre las que las capacidades instaladas de la Comunidad Autónoma de Mongolia, la Provincia Liaoning, la Provincia Hebei y la Provincia Jilin sobrepasan los 10 millones de kilovatios. Según se dice en un artículo publicado recientemente en la revista estadounidense *Fortuna*, China ya ha empezado a encabezar la tecnología de energías verdes, cuyo símbolo consiste en el hecho de que China fue el mayor productor de unidades de energía eólica del mundo en 2009.

La utilización de la energía solar incluye la generación de energía solar fotovoltaica y térmica, calentadores solares de agua, casas solares y otras formas. La aplicación de la generación de energía solar fotovoltaica se inició en los setenta del siglo XX, pero el verdadero desarrollo rápido pasó en los años ochenta. Dentro de los pocos años entre 1983 y 1987, China introdujo siete cadenas de producción de células solares de Estados Unidos, Canadá sucesivamente, haciendo que la capacidad anual de producción china de este producto subiera de 200 kilovatios antes de 1984 a 4,5 megavatios.

Actualmente la escala industrial de energía solar de China ha ocupado el primer lugar en el mundo, llegando a ser un productor importante de células solares fotovoltaicas. En el eslabón clave, es decir, la fabricación de células solares, China ya posee básicamente la capacidad de la línea completa de equiparación de los equipos de producción. De acuerdo con las últimas estadísticas de la Asociación de las Industrias Solares de China, hasta el final de 2009, la producción de calentadores solares de agua alcanzó 23 millones de metros cuadrados y la reserva total llegó a 108 millones de metros cuadrados ocupando el 76% del mundo. China ha sido el mayor país del mundo de producción y utilización de calentadores solares de agua y la tecnología está al nivel

En enero de 2010, los trabajadores están conservando el techo compuesto de silicio cristalino en un parque solar fotovoltaico de gran escala en Wuhan, Provincia de Hubei.

líder con el derecho de propiedad intelectual totalmente independiente. China tiene gran potencialidad en el desarrollo de energía solar fotovoltaica y hasta 2030, la capacidad instalada fotovoltaica alcanzará 100 kilovatios y la generación anual de energía llegará a 130.000 millones de kwh, equivalente a la disminución de la creación de más de 30 centrales de carbón.

China dispone de recursos abundantes de energía de biomasa que teóricamente es de 5.000 millones de toneladas. De conformidad con la necesidad del desarrollo económico y social y la situación de tecnología de utilización de energía de biomasa, China desarrolla con prioridad la generación de esta energía, metano, briquetas de biomasa y bio-combustibles líquidos.

En los años recientes China ha logrado un progreso crucial

en el terreno de la utilización de energía de biomasa, sobre todo en la tecnología de metano, que produce anualmente la energía de 1,15 millones de toneladas equivalentes de petróleo, ocupando el 0,24% de las energías rurales. Las energías ahorradas por las estufas de leña han llegado a 525.000 toneladas equivalentes de petróleo. Con la inversión agrandada y el nivel subido de criterios de subvenciones del gobierno, han conseguido un gran avance las construcciones de obras de metano del hogar rural y de vivero. Hasta el final de 2008, hubo 30,50 millones de digestores de metano de hogar rural en todo el país y 35.000 distintas obras de metano de vivero, entre las cuales más de 2000 obras son de escala grande y media. La producción anual de metano rural es alrededor de 12.000 millones de metros cúbicos, equivalentes a la sustitución de 18,50 millones de toneladas de carbón estándar, que puede aumentar anualmente a 15.000 millones de yuanes de la renta rural.

En julio de 2007, el proyecto de energía térmica de biomasa de CLP Huanyu de Shandong, el primer proyecto de energía de biomasa creado e invertido en el continente

Los digestores de metano producidos por empresas chinas.

interior de China por CLP, se instaló en Boxing de Bing-zhou de la Provincia Shandong. Este proyecto, pertene-ciente a los favorables al medio ambiente, cuyas materias primas son las abundantes briznas de algodón locales, produce energía eléctrica verde y fuerza térmica mediante la tecnología eficaz y limpia de combustión de briznas. La capacidad instalada de este proyecto es de 18 megavatios y la generación anual de energía es de 120 millones de kilo-vatios hora. Después de la puesta en operación, no sólo se han transformado las briznas de cultivos en fortuna, sino también que han aumentado más de 60 millones de yuanes para le renta agraria.

Hasta 2010, la capacidad instalada total de energía de biomasa de China llegará a 5,50 millones de kilovatios, la utilización anual de las briquetas de biomasa a 1 millón de toneladas, la utilización anual de metano a 19.000 millones de metros cúbicos, la utilización anual de etanol, un com-bustible de materia prima no alimentaria, aumentará 2 mi-llones de toneladas y la utilización anual de biodiesel llegará a 200.000 toneladas. Hasta 2020, las cifras arriba menciona-das llegarán, respectivamente, a 30 millones de kilovatios, 50 millones de toneladas, 44.000 millones de metros cúbicos, 10 millones de toneladas y 2 millones de toneladas.

Medio ambiente del campo y las ciudades

China está en el proceso de urbanización acelerada mientras es también un gran país agrícola con amplias regiones rurales y numerosa población rural. La protección medioambiental y el desarrollo económico dependen estrechamente de los dos biosistemas artificiales, el rural y el urbano. A medida que China se embarcó en el camino de integración de las zonas urbanas y rurales, el problema del medio ambiente y el de desarrollo de estos dos sistemas se han vuelto cada vez más vinculados.

Ecosistema de tierras agrícolas y prevención y tratamiento de contaminación de la tierra

Como el importante biosistema artificial, la tierra cultivable constituye el núcleo del biosistema de tierras agrícolas de China. En la actualidad, la superficie cultivada de China es de 122 millones de hectáreas, suponiendo aproximadamente el 12,7% de la superficie del territorio nacional. Las tierras agrícolas de China se dividen en terreno de regadío y tierra de secano, representando, respectivamente el 26,3% y el 73,7% de la superficie total de las tierras agrícolas. En las primeras se cultiva principalmente arroz y en las segundas se cultiva trigo, maíz, soja y algodón.

La tierra cultivable per cápita de China es baja, la intensidad de utilización es alta y el índice de recultivo es alto. La tierra cultivable per cápita de China no alcanza el tercio del nivel medio del mundo. En los últimos diez años, los recursos de tierras cultivables de China siguen disminuyendo sin cesar con el desarrollo acelerado de industrialización y urbanización. El Comité Central del Partido Comunista de China y el Consejo de Estado han decidido que se debería insistir en el límite no menos de 120 millones de hectáreas de tierras cultivables y aplicar el más estricto sistema administrativo de tierra.

La llanura noreste, la llanura del norte de China, la llanura del curso medio e inferior del río Yangtsé, el delta del río Perla y la cuenca de Sichuan son las regiones más concentradas de tierras cultivables de China. En la llanura noreste de suelo negro fértil, con una superficie de 35 millones de hectáreas y siendo la llanura más grande de China, abundan: trigo, maíz, soja, sorgo, lino y remolacha. Los cultivos principales de la llanura del norte de China, que tiene suelo

Las terrazas roturadas por la minoría Hani de generación en generación del Distrito Yuanyang de la Provincia Yunnan.

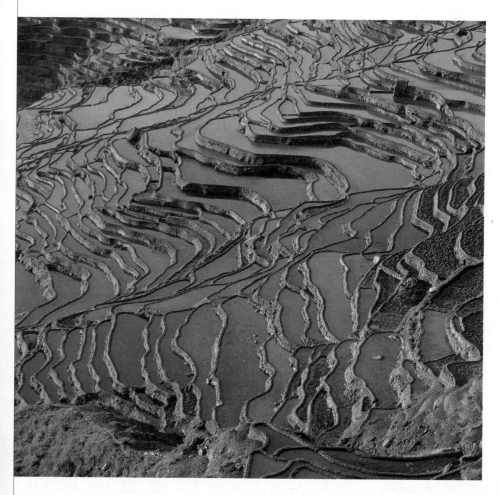

pardo y profundo, son trigo, maíz, mijo y algodón. La llanura del curso medio e inferior del río Yangtsé, con terreno
plano y muchos ríos y lagos distribuidos, es la zona cardinal
de arroz y peces de agua dulce, denominada como "la tierra
natal de peces y arroz" y abunda en hojas de té y gusano de
seda. En la cuenca de Sichuan, llamada "paraíso", que tiene
suelo púrpura y clima caliente y húmedo, los cultivos pueden crecer en las cuatro estaciones y abundan arroz, colza y
caña. En el delta del río Perla se produce mucho arroz que
puede cosecharse dos o tres veces al año.

China, un país montañoso y con mucha agricultura y gran
población, empezó más temprano a explotar las terrazas por
la presión de sobrevivir. Las terrazas de China se distribuyen mayoritariamente en las regiones secas y medio secas
de la Meseta de Loess del noroeste y las regiones montañosas del este y suroeste. La tecnología china de explotación
de terrazas es relativamente avanzada. Las terrazas pueden
controlar con eficiencia la erosión del suelo agrícola, mejorar
la fertilidad del suelo, regularizar la distribución espacial y
temporal de los recursos hídricos, mitigar el problema de
escasez de estos recursos, y como resultado se agregará establemente la producción de tierra.

La construcción a gran escala de las terrazas de China no
sólo han transformado las tierras que no pueden sujetar el
agua, el suelo y los fertilizantes en las que pueden conser-
varlos, sino también que han contribuido a la reducción de
numerosos escurrimientos de inundación y sedimentos,
originando perfectos beneficios sociales, económicos y ecológicos y constituyendo la plataforma fundamental para la
producción agraria y el desarrollo sostenible de la sociedad
y economía rurales. Tomando el ejemplo de la Provincia
Gansu, el representante de la construcción de terrazas, hasta el final de 2005, ha construido 1,8646 millones de hectáreas de terrazas en toda la provincia y ha gobernado 77.500

● Enlace de datos

La contaminación de fuentes non-puntuales

La contaminación del medio ambiente se puede dividir en la de fuentes puntuales y la de fuentes no-puntuales. El primer tipo se refiere a las fuentes que tiene puntos fijos de emisión. El segundo, sin puntos fijos de emisión, significa que los contaminantes, desde puntos no fijos y por vías como de lluvia, nieve e irrigación, concurren en las aguas receptoras, causando la contaminación orgánica, la eutrofización y otras contaminaciones tóxicas y peligrosas. De acuerdo con las características de las zonas y el proceso de la contaminación de fuentes no-puntuales, generalmente se puede dividir en la urbana y la rural, y la última consiste en la parte cardinal de este tipo de contaminación.

kilómetros cuadrados de la superficie de erosión del suelo agrícola. Llegó al 57,35% el nivel de gobernación inicial de las zonas de erosión fluvial, en particular, las obras de gobernación de pendientes con terrazas como prioridad logrando efectos notables, lo que ha formado una plataforma para el desarrollo de la economía regional.

Hoy en día el problema medioambiental en las zonas rurales es relativamente llamativo y la situación es muy grave, cuyas muestras son la agravación de la contaminación doméstica, la agudización de la contaminación de fuentes no-puntuales, el recrudecimiento de la contaminación de la minería y la existencia de riesgos de seguridad del agua potable, demostrando la tendencia del desplazamiento de la contaminación de ciudades al campo.

El suelo es un recurso natural imprescindible y difícil de regeneración en las actividades productivas en la sociedad humana. Los productos químicos, que son tóxicos y peligrosos, pueden perjudicar la subsistencia, la reproducción y la seguridad de la vida de los seres humanos y animales, lo que es relativamente latente. China da mucha importancia a la prevención y tratamiento de la contaminación de tierra y lo toma como un trabajo crucial de la construcción de nuevos campos y una tarea vital de la protección medioambiental.

En 2004, en el Foro Central de Recursos de la Población y el Medio Ambiente, Hu Jintao, el secretario general del Comité Central del Partido Comunista de China, propuso exigencias claras como: "habría que poner la prevención y gobernación de la contaminación de la tierra en la agenda importante". En 2006, en la sexta Conferencia Nacional de Protección del Medio Ambiente, el premier del Consejo de Estado, Wen Jiabao también planteó "la organización positiva de la prevención y gobernación de la contaminación de tierra". El Comité de Recursos Ambientales de la Asamblea Popular Nacional ha puesto en la agenda nacional la elaboración de la especial *Ley de Prevención y Gobernación de Contaminación de Tierra.* Y la original Administración Estatal de Protección Ambiental decretó una serie de criterios de control y estipulaciones técnicas como *los Criterios de la Calidad del Medio Ambiente de Tierra* y el *Reglamento Técnico de Monitorización del Medio Ambiente de Tierra.*

Desde 2001, la original Administración Estatal de Protección Ambiental, el Ministerio de Agricultura y el Ministerio de Tierras y Recursos han llevado a cabo sucesivamente una serie de investigaciones de la tierra. En agosto de 2005, la Administración Estatal de Protección Ambiental y el Ministerio de Tierras y Recursos pusieron en marcha el trabajo especial de investigación de la situación actual de las tierras y de la prevención y tratamiento de la contaminación. El 8 de enero de 2008, la original Administración Estatal de Protección Ambienta convocó la primera conferencia nacional

Una central de Zoucheng de Provincia Shandong. Gracias a la utilización del equipo de desulfuración de gases de humero, no está influido el cultivo agrario de hortalizas en torno de la central.

del trabajo de la prevención y tratamiento de contaminación de la tierra. El 6 de junio, el Departamento del Medio Ambiente divulgó *las Opiniones sobre la Intensificación del Trabajo de la Prevención y Tratamiento de Contaminación de la tierra*, aclarando la ideología directiva, los principios básicos y el objetivo cardinal de este trabajo. Hasta el final de 2008, las 31 provincias (municipios, comunidades autónomas) del país han colectado 78.940 ejemplares de suelo y productos agrarios y cumplido el análisis de 78.852 ejemplares, logrando 3 millones de datos válidos de la encuesta y haciendo 8.575 documentos de gráficos. Todos estos trabajos han impulsado el trabajo de la protección ambiental rural.

Nueva agricultura

A principios de los 90 del siglo pasado, los expertos agrícolas chinos empezaron a estudiar y promover el modelo protectivo de cultivo. Las diferencias entre el modelo protectivo y el tradicional son: dejar los rastrojos numerosos de los cultivos en la superficie del suelo, reducir al máximo los innecesarios procedimientos en el campo, aplicar no poca labor, emplear las medidas globales de combinación de rotación razonable y fertilización racional (disminuir la utilización de fertilizantes) para mejorar la estructura del suelo, reducir la erosión fluvial, eólica y la pérdida de nutrientes y proteger el suelo. Bajar la evaporación y escurrimiento, aumentar el almacenamiento de agua del suelo, conservar agua, suelo y fertilizantes para crear buen ambiente ecológico para el crecimiento de cultivos. Al mismo tiempo se disminuye la mano de obra agraria y los insumos de maquinaria y energía para aumentar la productividad y llegar al objetivo de producción y eficiencia altas, consumo bajo y desarrollo sostenible. En las zonas donde se aplica el modelo protectivo de cultivo, la cantidad de polvo puede disminuir

En el Distrito Boai de Provincia He-nan, los técnicos están explicando a los campesinos el modelo protectivo de cultivo.

en más de 30% y la tasa de humedad del suelo puede subir entre 10% y 15% mientras la producción de cultivos puede aumentar entre 10% y 15%.

En los años recientes, con las maquinarias agrícolas relativas como plantadores que se han manufacturado y el efecto de los lugares de demostración, el modelo protectivo de cultivo se ha ido aceptando por los campesinos y se han formado las dos franjas de cultivo protectivo, la de las áreas alrededor de Beijing y Tianjin y la de fuente de viento y arenas del noroeste. Hasta 2010, llegará a 10 millones de hectáreas la superficie de la tierra de cultivo protectivo de demostración, lo que hará realizarse el cultivo protectivo en un tercio de las tierras de secano del noreste, noroeste y el norte de China.

Se ha convertido en sentido común, la mejora del rendimiento de utilización de recursos hídricos y la construcción de la sociedad economizadora del agua. En 17 provincias, comunidades autónomas y municipios, se han publicado las cuotas de agua para aplicar la planificación del agua.

El Estado ha planteado que hay que desarrollar con gran esfuerzo la agricultura economizadora de agua. En los últimos años, se han logrado resultados obvios en el trabajo de ahorro de agua de las tierras agrícolas en todas las partes del país. *El Plan de Construcción de Proyectos de Demostración de Agricultura de Secano de Ahorro de Agua, Los Criterios de Construcción y los Índices de Cálculo de Inversión de la Agricultura de Ahorro de Agua* y *Los Medios de Observación y Valorización del Rendimiento del Modelo de Técnicas de Ahorro de Agua de Tierras Agrícolas* elaborados por el Ministerio de Agricultura, han asentado las bases para normalizar las construcciones de las instalaciones y la popularización de tecnologías de ahorro de agua de tierras agrícolas. Actualmente, la superficie de irrigación de ahorro de agua de la agricultura china ha alcanzado 320 millones de Mu (una hectárea=15 Mu). Entre 2000 y 2004, se ha reducido 29 metros cúbicos la cantidad del consumo de agua por Mu, disminuyendo en un 6,1% y la cantidad por mil yuanes de PIB ha reducido 211 metros cúbicos, bajando en un 34,6%.

En los últimos años, muchos campesinos han comprobado que con la certificación de marca verde, sus hortalizas pueden comercializarse mejor. En Ulanqab de la Comunidad Autónoma Mongolia, cada año se distribuyen alrededor de 1 millón de toneladas de distintos tipos de hortalizas verdes y libres de contaminación a más de 20 ciudades grandes como Beijing y Shanghai y también se exportan a otros países y regiones como Corea del Sur y Japón. Hoy en día, los alimentos verdes han sido la elección preferible de muchas personas chinas.

El gobierno chino presta mucha atención a la seguridad de los productos agrícolas y ofrece apoyo en explotar los "alimentos verdes" no-contaminantes que son seguros, de calidad y nutrientes. Los alimentos verdes de China se atienen al principio de desarrollo sostenible, se producen

Los símbolos de
los alimentos ver-
des y orgánicos.

de acuerdo con la forma específica de producción y emplean
marcas comerciales con la afirmación y permiso de los organismos especializados. Desde la aplicación de la obra de alimentos verdes en 1990, la fuente china de alimentos verdes
se ha desarrollado con rapidez, formando la red de administración y supervisión de estos alimentos. En 1992, el Centro
de Desarrollo de Alimentos Verdes se fundó formalmente,
significando que el desarrollo de la fuente china de alimentos verdes ha entrado en la etapa de desarrollo sistemático
y ordenado. China ha elaborado y divulgado un juego completo de medidas de control "de la tierra a la mesa" de los
alimentos verdes y ha ejercido verificación y certificación
estrictas sobre miles de productos que han propuesto la soli-
citud de conformidad con los criterios de alimentos verdes.

El desarrollo general de los alimentos orgánicos de China
está en la etapa inicial, pero tiene gran potencialidad. Hasta
fines de 2005, China ha aprobado dos partidas de 43 bases
de producción de alimentos orgánicos que se concentran en
11 provincias como Liaoning, Shandong y Jiangsu.

La agricultura ecológica de China es un nuevo modelo
agrícola del desarrollo armónico del hombre y la naturaleza que pone énfasis en el empleo razonable y la protección
de recursos naturales, manteniendo el ecosistema altamen-
te productivo y eficiente y poco contaminante. Además,

hace hincapié en un crecimiento integral y coordinado de los beneficios económicos, ecológicos y sociales y en la combinación estrecha de la producción agraria con el uso sostenible de los recursos y la protección efectiva del medio ambiente con el fin de dirigir la agricultura y el campo de China al camino del desarrollo continuo, estable y coordinado. En 1994, siete ministerios y departamentos estatales conjuntamente llevaron a cabo la puesta en marcha de 51 distritos de prueba de agricultura ecológica y lograron enormes efectos. Después se ha desplegado sucesivamente la construcción de la agricultura ecológica en todos los lugares. Hasta ahora China ya posee más de 2000 lugares de prueba de agricultura ecológica de distintos tipos y escalas, de los cuales más de 160 son de escala de cantón y unos 10 son de escala de ciudad.

Los notables resultados que ha logrado la construcción de la agricultura ecológica de China han originado la atención y apoyo de toda la sociedad, y las organizaciones internacionales también han dado apreciación elevada, pensando

En la Ciudad Lianyungang de Jiangsu, los campesinos emplean la técnica de cultivo en muro para cultivar las hortalizas verdes libres de contaminación.

que China ya está a la vanguardia de la agricultura sostenible del mundo. El Programa de las Naciones Unidas para el Medio Ambiente ha otorgado el título "las 500 mejores del mundo" a siete entidades chinas como el pueblo Liuminying del Distrito Daxing de Beijing, el pueblo Shanyi de la ciudad Xiaoshan de Zhejiang y el pueblo Heheng del cantón Shengao del distrito Tai de Jiangsu.

La construcción del nuevo campo

Con el motivo de impulsar el desarrollo económico rural, mejorar la fisonomía ambiental del campo y subir el nivel rural de la cultura ecológica, China ha desarrollado las actividades de la creación de los hermosos poblados del medio ambiente desde 2002. Hasta ahora, ya hay 629 poblados de 7 partidas de todo el país que han recibido este honor.

Los hermosos poblados del medio ambiente tienen que satisfacer 6 requisitos básicos y 26 indicadores concretos. Los 6 requisitos básicos son: disponer de órganos especiales o personal a tiempo completo de protección ambiental; realizar planificación del medio ambiente de los poblados pequeños y ponerla en práctica concienzudamente; aplicar en serio las políticas, leyes y disposiciones de protección ambiental y no haber pasado graves accidentes de contaminación o acontecimientos de destrucción ecológica en los últimos tres años; tener distribución razonable del poblado, administración ordenada, calles limpias y un ambiente hermoso, tal como la coordinación de la construcción del poblado con el entorno; los suburbios contar con entorno limpio, sin fenómenos sucios, caóticos ni malos y tener controlada básicamente "la contaminación blanca"; haber ambiente social denso de protección medioambiental y satisfacción de la masa sobre la situación del medio ambiente. Los 26 indicadores incluyen tres aspectos, el desarrollo económico, el desarrollo social y la protección ambiental.

En el poblado Boxing de la ciudad Binzhou de Shandong que recibió el título de poblado hermoso de medio ambiente en 2007, se realizaron 225 millones de yuanes de ingresos fiscales totales y la renta neta per cápita de los campesinos fue superior a 5.000 yuanes en 2006. A medida que se desarrolla la economía, se han establecido requisitos claros de instalación de las empresas, se ha perfeccionado la construcción complementaria de las infraestructuras urbanas y rurales de protección ambiental y se ha aplicado estrictamente el sistema de administración de la sanidad ambiental rural. Como resultado, se ha subido obviamente el nivel sanitario del medio ambiente rural y se ha conseguido un aspecto nuevo tanto de la ciudad como del campo. En los años recientes, este poblado ha invertido 78 millones de yuanes, con los que ha cumplido sucesivamente la obra del marco de carreteras de todo el poblado y la obra de transformación de 106,2 kilómetros de carreteras rurales, ha establecido 1 fábrica de agua

El pueblo Longguan del distrito Qingtian de Zhejiang es la zona de Patrimonio Mundial de Agricultura. En esta foto se puede ver el paisaje hermoso de campo y la casa antigua conservada completamente que tiene una historia de más de 300 años.

corriente, 4 zonas residenciales y 12 escuelas. Y ha atraído 52 millones de yuanes de capital exterior e introducido el proyecto de gas de Jinjie, con el cual ha alcanzado más de 97% la tasa de utilización de gas de los residentes urbanos del poblado y la tasa rural de popularización de energías limpias ha llegado al 70%. Esto ha mejorado enormemente las condiciones de producción y de vida de la masa. La ciudad cuenta con instalaciones perfeccionadas y el entorno limpio y ordenado mientras el campo está bien planificado y con mucha limpieza y vitalidad.

En 2005, en la Quinta Sesión del Decimosexto Comité Central del PCCH se planteó construir el nuevo campo comunista de "producción desarrollada, vida enriquecida, estilo civilizado, aspecto limpio y administración democrática". Según esto, se publicaron correspondientes planes concretos de aplicación, tomando la intensificación de la construcción ecológica y la mejora del medio ambiente ecológico rural como un contenido importante. La construcción del nuevo campo ha promovido la mejora de la calidad del medio ambiente rural.

La construcción de pueblos ecológicos y civilizados consiste en la obra básica de la construcción del campo nuevo. Lo nuevo no sólo se demuestra en el desarrollo económico del campo y en la construcción del sistema administrativo rural; también se debe mostrar en el mantenimiento de las características ecológicas del campo. Desde 2000, en el proceso del impulso de la construcción de una provincia ecológica, Hainan ha desplegado la actividad de creación de pueblos ecológicos y civilizados con el tema de "mejorar el ambiente ecológico, desarrollar la economía ecológica y cultivar la cultura ecológica" y ha establecido sucesivamente 5.300 pueblos de este tipo.

Zhong Rongxiu, que tiene 52 años, es campesina del pueblo Wenyuan del distrito Xingguo de Provincia Jiangxi. En

1997, ella dirigió la fundación de digestor de metano de 8 metros cúbicos e invirtió 200.000 yuanes en la industria de flor para crear "el campo de flor de Wenyuan". Al mismo tiempo, ella expandió la pocilga y transformó el baño, realizando la ecología, protección ambiental, ahorro de energías y alta eficiencia. Ella pedía consejo con modestia a los técnicos y subscribía distintos libros técnicos para estudiar la tecnología de avanzada. Producía metano con los estiércoles de cerdo, cocinaba con metano y alimentaba a los cerdos y regaba las flores con el líquido de metano, formando el círculo virtuoso y logrando la utilización integral. En aquel año aumentó la renta en 4.000 yuanes por el ahorro de energías.

Es un pueblo ecológico y civilizado el pueblo Longlian del barrio Haikouqiongshan de la ciudad Haikou de Provincia Hainan.

Zhong Rongxiu creía que no serviría para nada su solo caso y dirigió a otros campesinos a aplicar el modelo ecológico agrícola de ahorro de energías. Según su cálculo, con la fundación de un digestor de metano, no sólo podría recuperar los costos en un año y reducir la mano de obra, sino también podría ahorrar energía. Los campesinos accionaron, muchas familias construyeron digestores de metano y transformaron los huertos en campo de osmanthus. Después de varios años de esfuerzos, en el pueblo de Wenyuan se han fundado 200 digestores de metano y el 70% de los hogares rurales emplean el modelo ecológico de ahorro de energía de "cerdo-metano-fruto". Con el solo proyecto de la utilización integral de metano, el aumento de renta per hogar alcanza más de 1.200 yuanes. Por lo tanto, Wenyuan ha llegado a ser el pueblo de demostración del modelo ecológico agrícola del distrito.

La construcción ecológica de la ciudad

China dispone de 661 ciudades y una población urbana de 358,94 millones y se han formado 3 aglomeraciones de ciudades y 11 centros regionales de ciudades. China aboga por construir comunidades ecológicas en las ciudades. La comunidad ecológica es un tipo de espacios de vida como el siguiente: mediante el mantenimiento del balance del ecosistema original de la comunidad, se realiza el reciclaje eficiente de recursos y energías y se reducen las emisiones de residuos para lograr la armonía de la comunidad, la alta eficiencia económica y el círculo virtuoso de la ecología. La construcción de las comunidades ecológicas tiene requisitos estrictos en energías, recursos, medio ambiente y la humanidad. En el aspecto de energías, hay que tomar el ahorro de energías como prioridad y emplear energías limpias como la energía solar, la energía eólica, el metano y la energía térmica dependiendo del diseño nuevo y tecnología renovable. En el aspecto de recursos se enfatiza en el reciclaje, como el tratamiento de la colección de lluvia, la transformación de aguas residuales y residuos sólidos en recursos y la clasificación de las basuras cotidianas. En el aspecto del medio ambiente, se han planteado demandas concretas sobre el ambiente interior y exterior. En el ambiente interior hay que prevenir la contaminación de productos químicos y en el exterior hay que verdecer, purificar y hermosear el medio ambiente. Y en el aspecto de humanidad, los residentes de las comunidades tienen que establecer los valores de ecologismo y de recursos.

La comunidad de Gaojiaku de Tiexinqiao del barrio Yu-hua de la ciudad Nanjing es así. Se fomenta la construcción de la comunidad ecológica por la perfección del turismo y el medio ambiente ecológico y la mejora de la construcción de infraestructura. En ambos lados de las calles de toda la comunidad, se realizaron las obras de verdear e iluminar con lámparas. Se establecieron 2 estaciones de transferencia de residuos y 3 estaciones de basura y un estanque de tratamiento de agua residual con una capacidad diaria de 400 metros cúbicos. Se fundaron los lugares de ocio como plazas de recreación, aparcamientos ecológicos y plazas de gimnasio. Se invirtió en la construcción de la primera estación de purificación de agua residual de nivel pueblo de la ciudad Nanjing y la fundación de baños públicos de alto criterio.

El hermoso ambiente urbano de Xiamen de Provincia Fujian, la ciudad jardín nacional.

Hay 217 baños de hogares establecidos nuevamente y trans-
formados. Se emplean uno o dos trabajadores de limpieza a
tiempo completo para cada grupo de la comunidad.

En los últimos años, China ha desarrollado con gran
fuerza la transformación ecológica del paisaje urbano para
establecer las ciudades jardín nacionales y mejorar el medio
ambiente residencial. Hasta finales de 2008, la tasa de cobertura verde de las ciudades fue de 35,11% y la superficie del
espacio verde público per cápita aumentó a 8,6 m^2 , que ha
duplicado al del año 2000. Desde 1992, China ha selecciona-
do irregularmente las ciudades jardín, otorgando este honor
a 125 ciudades hasta el final de 2008. En cuanto a estas ciudades denominadas con este título, se practica el sistema de
revisión cada tres años. Además, desde 2001 hasta 2008, 252
proyectos han conseguido "el premio ejemplo de medio ambiente residencial de China".

En los últimos años, muchas ciudades han realizado la
actividad de adopción de espacios verdes urbanos con objeto de consolidar la administración y mantenimiento de los
espacios verdes urbanos y conducir a la masa a participar
en la construcción medioambiental. Desde 1.998 cuando Beijing comenzó la adopción de espacios verdes hasta marzo
de 2007, 4,40 millones de metros cuadrados de zonas verdes
han sido establecidos y adoptados por individuos, entidades
y empresas, alrededor de 100 millones de yuanes han sido
invertidos en el mantenimiento de estas zonas y la tasa de
cobertura verde urbana ha llegado a 42,5%, además de subir
la conciencia ética y el espíritu público.

La construcción de parques de suburbio, como una parte
importante de la construcción del sistema verde urbano, des-
empeña un papel insustituible para mejorar el clima urbano,
conservar el suelo y agua, purificar el aire, prevenir del viento y arena, ajustar la circulación material urbana y producir
oxígeno. La construcción de parques de suburbio (bosque)

de las ciudades chinas tiene como el objetivo principal proteger la ecología y como lo complementario proveer las instalaciones de entretenimiento. La protección estricta de la biodiversidad, los recursos ecológicos y el valor ornamental del suburbio constituyen las premisas de la explotación y construcción. La construcción de estos parques se divide en la zona nuclear, la zona amortiguadora y la zona de recreación. En la zona nuclear donde es lo principal mantener la ecología natural primitiva, no se deben ejercer actividades constructivas urbanas y se prohíbe de todas maneras desmontar, cazar, destruir bosques para roturar tierras vírgenes, cortar la montaña para extraer piedras y destruir los bosques para cultivar frutales. En las regiones donde crecen y se reproducen animales y plantas valiosas se pueden delimitar reservas naturales en las condiciones maduras para reforzar la protección y administración. En la zona amortiguadora se prohíbe ejercer actividades constructivas urbanas, desmontar, cazar, destruir bosques para roturar tierras vírgenes, cortar la montaña para extraer piedras y destruir los bosques

Una zona residencial de la ciudad Guiyang de Provincia Guizhou, la ciudad jardín nacional.

para cultivar frutales. Con las premisas de prueba científica y la aprobación de las autoridades relativas, se puede transformar moderadamente la estructura forestal y realizar las actividades de experimentación científica, visita e investigación, práctica docente, introducción, domesticación y cultivo de animales y plantas raros. En la zona de recreación se pueden construir limitadas instalaciones de recreación para proveer a los ciudadanos los lugares de caminata, excursión, alpinismo y la educación científica de los adolescentes.

La construcción de obras y recuperación ecológica

La relación entre el medio ambiente y el desarrollo es el problema que llama la atención universal en la sociedad tanto nacional como internacional. En los últimos tres decenios, con el perfeccionamiento del sistema de leyes y disposiciones de la protección ambiental, sobre todo la divulgación y aplicación de *la Ley de Evaluación del Impacto Ambiental*, China fundamentó la posición legal y la garantía de política de la evaluación del impacto ambiental de los proyectos de la construcción de obras, lo que tiene gran influencia en la protección ambiental de China.

Tomando el ejemplo de las obras hidráulicas, *la Ley de Agua, la Ley de Protección Ambiental, la Ley de Conservación del Suelo Agrícola, la Ley de Protección de Animales Silvestres* y otras leyes concernientes, constituyen la base legal de la ecología y la protección ambiental de la construcción de las obras hidráulicas e hidroeléctricas y a la vez han declarado la responsabilidad y derecho de la explotación y administración de las cuencas. En 2006, los departamentos de obras hidráulicas elaboraron los *Reglamentos de Evaluación de la Influencia Ambiental de la Planificación de Cuencas de Ríos*, instituyendo el sistema técnico y la prioridad de protección para la evaluación ambiental de la planificación de cuencas. Además, la *Estipulación de Elaboración del Cálculo Presupuestario de la Planificación de Protección Ambiental de Obras Hidráulicas e Hidroeléctricas* normaliza el contenido compuesto de los gastos de protección ambiental. Ahora hay estipulaciones institucionales correspondientes a la investigación de protección ambiental de la supervisión ambiental y la finalización de las obras.

Desde que China aplicó el sistema de evaluación de la influencia ambiental, la protección de la ecología y medio ambiente de las obras hidráulicas e hidroeléctricas ha logrado un avance crucial en la construcción institucional, como las leyes, reglamentos técnicos y las estipulaciones de la garantía de capital. En 2005, se puso en operación la obra de gobernación hidráulica del Río Xinli de Shandong que corre desde el sur de la zona económica de desarrollo hacia el norte atravesando la zona nueva de Binzhou y desemboca en el río Chao pasando por el noreste del barrio Bincheng con una longitud total de 31,2 kilómetros. Esta obra se construyó con el capital del gobierno de la ciudad de Binzhou de Shandong y toda ella consiguió la calificación perfecta tras la verificación y recepción. La obra de la sección de revestimiento de la zona urbana del río Xinli tiene el diseño avanzado, la buena construcción, la hermosa apariencia, la amplia superficie, el agua clara, la perfecta calidad hídrica y amplios espacios verdes en ambos lados, convirtiéndose en el ejemplo de obras hidráulicas ecológicas y el lugar ideal de los ciudadanos para recrearse, pensar y visitar.

El desarrollo económico y social no se puede separar de la explotación y utilización de los recursos minerales y la dependencia de la ecología. Sin embargo, la explotación de los recursos minerales, al traer fortuna a la sociedad, hace daño en gran medida al ambiente de subsistencia de la humanidad. La destrucción del suelo y el trastorno del equilibrio ecológico se han hecho cada vez más graves mientras se han agudizado los desastres geológicos como: colapso, corrimiento de tierras, flujo de escombros y hundimiento del suelo. Refrenar eficazmente el empeoramiento del ambiente de las minas y proteger el desarrollo económico y social y el ambiente de producción y de vida han sido los temas importantes que están estudiando y resolviendo concienzudamente los gobiernos de diferentes niveles y los departamentos concernientes.

China ha divulgado un montón de estipulaciones relativas para mejorar el ambiente ecológico cerca de las minas y promover la recuperación de los problemas de la destrucción vegetal, degradación de tierras, erosión del suelo agrícola y riesgos geológicos causados en el proceso de explotación y utilización de los recursos minerales sólidos. En diciembre de 2003, el Consejo de Estado publicó el libro blanco: las *Políticas de Recursos Minerales de China*, presentando la demanda de "realizar el desarrollo armonizado de la explotación de recursos minerales y la protección ambiental". En 2004, la

Los residentes se recrean en el lago artificial de Binzhou de Shandong.

original Administración Estatal de Protección Ambiental, el Ministerio de Tierras y Recursos y la Administración Estatal de Seguridad en el trabajo llevaron a cabo conjuntamente la inspección de la ejecución de las leyes de la protección de la ecología de las minas, inspeccionando 52.414 empresas mineras de las que cerraron y sustituyeron 16.413 empresas.

En 2004, el Estado invirtió 406 millones de yuanes para desarrollar la gobernación del ambiente de minas con una superficie recuperada de 27.435 hectáreas. En 2005, la Hacienda Central asignó 753 millones de yuanes para la gobernación de minas y practicó con más esfuerzo la construcción de parques de minas y el trabajo de elaboración de las estipulaciones para la protección y tratamiento del medio ambiente de las minas de nivel provincial. Actualmente se ha ratificado la construcción de 28 parques de minas de nivel nacional, jugando el papel de demostración para el

En Huaibei de Anhui, la zona antigua de hundimiento de minas se ha convertido en el parque nacional de humedal de minas que tiene paisaje atractivo.

desarrollo sostenible de las zonas mineras.

La gente de Liuzhou de Guangxi solía describir su ambiente residencial expresivamente así "en el cielo flota la nube amarilla y en el suelo corren aguas negras". La tía You, que vive en la zona residencial al lado de la Corporación de Liugang, la empresa con más emisión de agua residual de las industrias de Liuzhou, tiene un sentimiento especialmente profundo: "siempre se huele mal. Hay mucho polvo y lluvia ácida. Las flores y hierbas casi no crecen". Desde 2007, Liugang ha tomado el desarrollo de la economía cíclica como la brecha de penetra ción para gobernar y utilizar el gas y agua residual y los residuos. Con la nueva tecnología, Liugang podía transformar más de 7.800 toneladas de dióxido de azufre en 14.000 toneladas de fertilizantes de sulfato de amonio cada año. Los equipos de tratamiento de aguas residuales hacen alcanzar más del 96% la tasa de utilización circular de aguas industriales. Y millones de toneladas de residuos de la fábrica se han venido transformando en cementos. La tía You elogió a este cambio, diciendo que "con el aire fresco, las flores que hemos plantado florecen con bonanza". Liuzhou ha recuperado el aspecto de "montaña y agua más bonitas" gradualmente.

Desarrollar el eco-turismo

El eco-turismo de China se desarrolló apoyando las reservas naturales, parques forestales y las regiones de interés turístico. En 1982, se estableció el primer parque forestal de nivel nacional, el de Zhangjiajie. Desde aquél entonces, China ha fundado sucesivamente numerosos parques forestales de diferentes tipos y distintos niveles. Hasta ahora, China posee 660 parques forestales de nivel nacional con una superficie total de 11,24 millones de hectáreas. Se han convertido en recursos importantes del eco-turismo las 2.500 reservas naturales, 200 regiones de interés turístico de nivel nacional y 700 de nivel provincial.

Se promovió muy fuertemente la práctica del eco-turismo de China, con la Exposición Mundial de Horticultura de Kunming y la actividad con tema "eco-turismo del 99" celebradas por la Administración Estatal de Turismo en 1999. En 2007 la Exposición Internacional del Eco-turismo de China demostró más los abundantes recursos del eco-turismo de China.

En 2001, el Consejo de Estado publicó *el Anuncio de Acelerar Más el Desarrollo del Turismo* tomando la consolidación de la protección ecológica de la explotación de los recursos turísticos como la ideología general para el impulso de la realización del desarrollo sostenible de la industria turística. Los departamentos concernientes y los gobiernos de diferentes niveles han intensificado el trabajo de la protección ecológica de la explotación de los recursos turísticos.

El parque geológico nacional del desierto Alashan de la Comunidad Autónoma Mongolia.

El lago Lugu, situado en la frontera entre las Provincias Sichuan y Yunan, presenta el paisaje natural típico del lago de meseta.

En 2005, la Administración Estatal de Turismo y la original Administración Estatal de Protección Ambiental publicaron en conjunto *el Anuncio de Intensificar Más el trabajo de la Protección Ecológica del Turismo*. Combinado con el tratamiento integral de las cuencas y regiones claves, se ha consolidado la administración ambiental de las zonas turísticas, se ha realizado la evaluación de influencia al medio ambiente de los proyectos de planificación y explotación de las zonas turísticas, se ha intensificado la prevención y tratamiento de la contaminación y se ha cerrado, desplazado e impuesto límites de tratamiento a una partida de empresas contaminantes en las zonas turísticas.

En la actualidad, el eco-turismo de China ya obedece conscientemente al modelo de desarrollo sostenible de la

combinación de la economía turística y la protección ambiental. Por ejemplo, la isla Chongming de Shanghai, situada en la desembocadura del río Yangtsé, es la isla aluvial de
los ríos más grandes del mundo y la tercera mayor isla de
China con el título de "la puerta de entrada al río Yangtsé
y Ying-chou en el Mar Oriental de China". La isla está rodeada de ríos en tres direcciones y de mar en la otra y tiene
una superficie de 1.267 kilómetros cuadrados. La isla posee
la tierra plana, el suelo fértil, el bosque próspero y recursos
ricos y está denominada "la última porción de tierra verdaderamente pura y ecológica de Shanghai". Actualmente la
isla Chongming se define generalmente como "la isla ecológica", formando los cinco paisajes ecológicos cuyos cuer-
pos son las marismas y humedales de la desembocadura,
la posta de los pájaros migratorios, la reserva de esturión

Los humedales de
la marisma este de
la isla Chongming
de Shanghai.

chino, el bosque urbano de llanura y el sistema de aguas de ríos y lagos de islas aluviales. En esta isla, ateniéndose a los principios de ecología, se ha establecido el hábitat para la humanidad con el medio ambiente natural de isla donde se desarrollan armoniosamente la sociedad, la economía y la naturaleza, se utilizan con alta eficiencia los materiales, las energías y las informaciones, y circulan ecológica y continuamente los recursos y el medio ambiente. "La isla verde en la desembocadura del río Yangtsé y la convivencia armoniosa del hombre y la naturaleza" consiste en el modelo de desarrollo de la isla ecológica Chongming.

Hacia la economía verde

Como una potencia en desarrollo, China está esforzándose por buscar un camino de desarrollo sostenible de la coordinación mutua entre población, economía, sociedad, medio ambiente y recursos. La protección medioambiental y el desarrollo económico siempre se consideran como cosas contradictorias y opuestas. Entonces, ¿por qué sistema se pueden coordinar estos dos? En la actualidad, se ha planteado el concepto de la economía verde, es decir, una economía equilibrada que se adapta a las necesidades de protección ambiental y de la salud del hombre, que tiene como objetivo la armonía de la economía y el medio ambiente y que protege razonablemente los recursos y energías. También China explora el camino de la economía verde en la práctica. Fundar el mecanismo de compensación ecológica, perfeccionar las políticas de la economía ambiental y desarrollar una economía baja en carbono constituyen varios aspectos importantes de esta exploración y práctica.

El mecanismo de compensación ecológica

El mecanismo de compensación ecológica, como un sistema público, tiene como objetivo proteger el medio ambiente ecológico y promover el desarrollo armonioso del hombre y la naturaleza y coordina la relación de interés entre los interesados de la protección ecológica mediante recursos administrativos y medios de mercado. Simplemente, los beneficiados tienen que hacer pagos y los protectores pueden sacar ganancias. En 2008, la legislatura china modificó *la Ley de Prevención y Control de la Contaminación del Agua* cuyo séptimo artículo legalizó la "compensación ecológica" en forma de leyes por primera vez, lo que vincula estrechamente las medidas de protección ambiental con el sistema de garantía de intereses. Con esta dirección legislativa, el mecanismo de compensación ecológica de China tiene más

● Enlace de datos

La economía verde

Este concepto, proveniente del Libro Azul de la Economía Verde publicado por el economista británico Pierce en 1.989, se refiere a un nuevo modo económico que se desarrolla con el mercado como dirección, la economía industrial tradicional como base y la armonía de la economía y el medio ambiente como objetivo. Es un estado de desarrollo que produce y demuestra la economía industrial para ajustarse a las necesidades de la protección ambiental y de la salud del hombre.

espacio para desarrollar.

En realidad, mucho antes de la publicación de esta ley, China había empezado los estudios y prácticas sobre la compensación ecológica, por ejemplo, el trabajo de compensación ecológica de las reservas forestales y naturales ha logrado efectos notables. Además del sistema de fondo de compensación del rendimiento ecológico forestal, las obras ecológicas como la protección de los bosques naturales y la devolución de tierras de cultivo a la silvicultura pueden considerarse también como la compensación de la degradación ecológica causada por la destrucción de tiempo largo. Alguna parte de esas prácticas de compensación ecológica han sido bastante exitosas.

La obra de devolver las tierras de cultivo a la silvicultura (hierba) se puede considerar como la práctica de compensación ecológica de mayor escala de China hasta hoy en día, la cual ha recibido más inversión estatal, ha involucrado a lo más y ha atraído la participación de la masa mayor. Con esto, China tomó medidas de compensación sobre las obras de construcción ecológica de gran magnitud por primera vez. Esta medida ha ejercido efecto evidente al refrenamiento de la destrucción de las zonas con ambiente ecológico débil y a la protección y recuperación de los recursos de bosque y hierba. La obra de devolver las tierras de cultivo

En marzo de 2007, los campesinos del distrito Rongchang de Chongqing están cogiendo el dinero de compensación de la devolución de tierras de cultivo a la silvicultura.

a la silvicultura (hierba) empezó la prueba en 1999 y se puso en marcha general en 2002 cubriendo 25 provincias (comunidades autónomas y municipios) y 32 millones de hogares agrarios de los 2.279 distritos de la Corporación de Producción y Construcción de Xinjiang e involucrando a 124 millones de campesinos con la inversión central de 0,13 billón de yuanes. Al conseguir enorme rendimiento ecológico también ha solucionado el problema de pobreza de los campesinos en las zonas de obra, de modo que ha recibido la bienvenida popular de la población y ha logrado "dos ganancias" del rendimiento, tanto ecológico como económico.

También tienen una importancia notable de compensación ecológica las otras obras de construcción ecológica que China empezó a llevar a cabo desde los años 80 del siglo XX, incluyendo la construcción del sistema forestal productor contra el viento, el tratamiento de la erosión del suelo agrícola, la prevención y gobernación de la desertificación, la protección de los bosques naturales y la protección ecológica de "los Tres Ríos", sirviendo a la compensación de la degradación ecológica causada por la destrucción de largo tiempo. El país ha invertido cientos miles de millones de yuanes en estas obras importantes. Todo eso pertenece a las prácticas exitosas de la compensación ecológica. Además, tienen la misma calidad compensatoria tanto las obras cruciales de construcción ecológica como el sistema de compensación por tierras ocupadas y la protección de bosques naturales como la subvención financiera de la construcción de reservas naturales.

En agosto de 2007, la original Administración Estatal de Protección Ambiental divulgó *los Consejos Directivos sobre el Desarrollo de Trabajo de las Pruebas de Compensación Ecológica*, que es el primer documento directivo del gobierno de China. *Los Consejos:* primero, declara que el mecanismo de compensación ecológica es una medida de economía ambiental que tiene como objetivo proteger el ambiente ecológico e impulsar la armonía entre el ser humano y la naturaleza y coordina la relación de interés de las partes concernientes de la protección y construcción del ambiente ecológico, aplicando integralmente los recursos administrativos y los medios de mercado, de acuerdo con los valores de servicio del ecosistema, los costes de la protección ecológica y los gastos de la oportunidad de desarrollo. *Los Consejos:* establece cinco principios básicos de la compensación ecológica: el que explota protege, el que destruya recupere, el que se beneficie compense y el que contamine pague. La responsabilidad, el derecho y la ganancia están unificados. Se constituye y se comparte conjuntamente y se desarrolla con doble victoria. Se combina la dirección gubernamental y la regulación mediante el mercado. Se adoptan las medidas apropiadas a las circunstancias locales y se crea con dinámica. En septiembre del mismo año, la original Administración Estatal de Protección Ambiental anunció que se realizarían pruebas de compensación ecológica en los cuatros terrenos, las reservas

El 6 de enero de 2005 en Yiwu de Zhejiang, se finalizó con éxito la primera "obra de transacción del derecho de uso de agua entre ciudades". El agua del embalse de Hengmian de Dongyang vierte en la piscina de embalse y ajuste de Yiwu con lo que los ciudadanos dicen adiós a la escasa vida de agua.

naturales, áreas importantes de funciones ecológicas, la explotación de recursos minerales y la protección del ambiente de agua de las cuencas. Por el trabajo de pruebas, China empezó a establecer el sistema estándar de compensación ecológica de los terrenos importantes y a explorar el modelo diversificado de los medios de compensación ecológica para sentar las bases de la construcción completa del mecanismo de compensación ecológica.

En el aspecto de compensación de las cuencas, las prácticas locales se concentran principalmente en la protección de las fuentes de agua potable urbana y en la compensación ecológica entre el curso superior y el inferior de las cuencas medias y pequeñas de las áreas administrativas, como la cooperación de protección de recursos hídricos entre las fuentes de Beijing y Hebei, la compensación ecológica de los cursos superiores de las cuencas como el río Dong de Guangdong, la compensación ecológica de las cuencas del río Xinan de Zhejiang. En algunos lugares también se ha explorado el modelo de la transacción de recursos hídricos. Por ejemplo, la ciudad Dongjiang y la ciudad Yiwu han llevado a cabo una transacción del derecho de uso de recursos hídricos con la concesión del derecho perpetuo de uso de 50 millones de metros cúbicos del embalse Hengmian de Dongyang a Yiwu.

China ha ido enriqueciendo el mecanismo de compensación ecológica con estas prácticas. Sin embargo, existen defectos en ellas, es decir, que se realizan dependiendo de "las obras de proyectos" y a la vez que éstas se terminen; posiblemente se produzcan cambios, lo que originará la escasez de la continuidad de la protección ecológica. Además, es difícil definir las responsabilidades de compensación en las operaciones reales. Todavía se necesita la exploración con esfuerzo de los departamentos y personas concernientes sobre cómo transformar gradualmente este mecanismo cuyo principio es la intervención del gobierno en la introducción de los medios de mercado y el establecimiento del sistema de la operación del mercado.

Establecer y perfeccionar las políticas de la economía ambiental

En comparación con los gobiernos locales y departamentos económicos, ahora los departamentos de protección ambiental carecen de los medios restrictivos correspondientes. En los últimos años, los departamentos de protección ambiental de China, cooperando con los económicos administrativos, elaboraron conjuntamente y divulgaron distintas políticas de economía ambiental, impregnando las demandas de protección ambiental en los aspectos de las políticas económicas desde el terreno de producción hasta los de circulación, distribución y consumo y hasta el comercio exterior. Establecer y perfeccionar un juego de políticas económicas eficientes constituye la garantía fuerte para el desarrollo armonioso del medio ambiente, la economía y la sociedad.

Desde la segunda mitad de 2007, China ha promulgado sucesivamente el crédito verde, el seguro de la responsabilidad de la contaminación ambiental, el comercio verde y la bolsa verde con que la práctica de las políticas de economía ambiental ha entrado en una nueva etapa.

El crédito verde es un medio eficaz para contener las industrias contaminantes y conducir la economía verde cuyo objetivo consiste en cortar la fuente de los créditos de las empresas que violan las leyes del medio ambiente y conducir a los bancos a cumplir las responsabilidades de proteger el ambiente, que es la primera política aplicada en China. En julio de 2007, la original Administración Estatal de Protección Ambiental, cooperando con el Banco Popular de China y la Comisión Reguladora Bancaria de China, incluye

En agosto de 2008, los trabajadores del Banco Industrial ofrecen la consulta de los servicios de créditos a los clientes. Este banco propone el lema de "ahorro de energías y la reducción de emisiones y el crédito verde".

informaciones ambientales ilegales de 1,8 empresas en el sistema de información de crédito del banco. La Comisión Reguladora Bancaria de China demanda que las instituciones bancarias terminen los préstamos de las empresas ilegales de contaminación graves. Según estadísticas incompletas, después de la aplicación de esta política, los cinco bancos grandes han recobrado 3.934 millones de yuanes de préstamos de las empresas que no corresponden a la política del ahorro de energías y la reducción de emisiones.

En 2008, el Departamento de Protección Ambiental proporcionó al sistema de información de crédito del Banco Popular miles de datos ilegales ambientales de las empresas y ofreció servicios de consulta de las instituciones financieras como los bancos comerciales, que, adoptando algunas informaciones, emplean la medida de terminar o limitar los préstamos a las empresas ilegales, quienes tienen que gobernar la contaminación positivamente para conseguir los préstamos. Se informa que el Departamento de Protección Ambiental va a impulsar con más fuerza el mecanismo de la comunicación de las informaciones con los sectores financieros para elaborar en común "los medios administrativos de envío e intercambio de las informaciones de crédito verde", normalizando más el envío e intercambio de información.

El seguro de la responsabilidad de la contaminación ambiental consiste en la medida válida de prevenir y controlar los riesgos ambientales. Al comienzo de 2008, el Departamento de Protección Ambiental y la Comisión Reguladora de Seguros de China publicaron en conjunto *los Consejos Directivos sobre el Desarrollo del Trabajo del Seguro de la Responsabilidad de la Contaminación Ambiental*, seleccionando los productos de seguro de responsabilidad contaminante de la explotación ambiental de las industrias de alto riesgo. El Departamento de Protección Ambiental, asociado con la Comisión Reguladora de Seguros de China, organizó los departamentos de protección ambiental y las empresas de seguros de Jiangsu, Hubei, Hunan Y Shanghai para desplegar las pruebas. Poco después de la divulgación de esta política, ocurrió el primer caso en China de conseguir compensación del seguro de la responsabilidad de la contaminación ambiental. Una empresa de producción de plaguicidas, tras la adquisición del seguro de compensación de "accidentes de contaminación" de la Corporación de Seguros de Pingan, causó la fuga de cloruro de hidrógeno que contaminó los campos vegetales de los campesinos de los alrededores. Luego, la Corporación de Seguros de Pingan pagó la compensación tras la verificación necesaria.

Con el apoyo de los departamentos económicos integrales, el Departamento de Protección Ambiental organizó la elaboración del nuevo catálogo de "dos altos" (es decir, el catálogo de los productos de contaminación alta y riesgo ambiental alto), y aconsejó la abolición de la devolución de

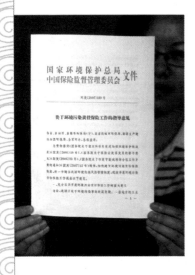

El 18 de febrero de 2008, la original Administración Estatal de Protección Ambiental y la Comisión Reguladora de Seguros de China divulgaron en común el documento, instituyendo formalmente el plan del sistema de seguros de la responsabilidad de la contaminación ambiental.

impuestos por motivos de exportación y la prohibición de comercio de procesamiento, adoptando medidas restrictivas a estos productos. En junio de 2007, la original Administración Estatal de Protección Ambiental presentó más de 50 productos de "dos altos" y advirtió la abolición de sus devoluciones de impuestos por motivo de exportación. Este consejo fue adoptado por la Hacienda y la Administración Estatal de Impuestos, lo que originó una disminución del 40% de estos productos.

Al comienzo de 2008, el Departamento de Protección Ambiental publicó otra vez el catálogo de "dos altos" de los 160 productos de 6 sectores como: el plaguicida, la sal inorgánica, célula, pintura y tintura con el capital de exportación de 2.000 millones de dólares, lo que ha sido apreciado y adoptado por los departamento económicos integrales. En el catálogo de la prohibición del comercio de procesamiento publicado por el Ministerio de Comercio, se adoptó el catálogo total presentado por el Departamento de Protección Ambiental, tomando claramente los productos de "dos altos" como el fundamento del control de la exportación de mercancías. La Hacienda y la Administración Estatal de Impuestos publicaron la lista de las mercancías cuya devolución de impuestos por motivo de exportación ha sido abolida a finales de julio de 2008, de los cuales 26 son productos de "dos altos".

En 2007, los departamentos impidieron el financiamiento de cotización de 10 empresas con problemas ambientales. En junio de 2008, el Departamento de Protección Ambiental publicó el Catálogo de Administración Clasificada de los Sectores de la Verificación de Protección Ambiental de las Empresas Cotizadas, enumerando los 14 sectores de contaminación grave que tienen que aprobar la verificación, el sector de potencia térmica, la siderurgia, el de cementos, el de aluminio electrolítico, el de carbón, la metalurgia, el de los materiales de construcción, el químico, el petroquímico, el farmacéutico, el de papel, el de textil y el de cuero, que incluyen centenares de tipos de empresas. Este movimiento tiene efecto positivo para refrenar la cotización de las industrias contaminantes a financiar y para reforzar el cumplimiento de las responsabilidades sociales de las empresas. El sistema de hacer público el medio ambiente de las empresas cotizadas recibió el fuerte apoyo de la Comisión Reguladora de los Valores. La Bolsa de Valores de Shanghai divulgó la *Guía para Hacer pública la Información del Medio Ambiente de Empresas Cotizadas.*

Los departamentos de protección ambiental de China, con Hacienda, publicaron una serie de documentos para realizar el incremento de potencia a las unidades de desulfuración del carbón con el motivo de fortalecer el control científico de la electricidad de ahorro de energías de protección ambiental y la construcción de la red de tubería de la colección de agua residual. Además, el Departamento de Protección Ambiental y otros departamentos han formado un grupo mixto de trabajo de los impuestos ambientales y seguirán cooperando con los departamentos relativos para elaborar programas de aplicación de impuestos ambientales y realizar el trabajo de recaudar este impuesto.

Las políticas de economía ambiental de China todavía están en la etapa incipiente, sin desplegar completamente su papel y las políticas existentes se deben perfeccionar. En el proceso de promover estas políticas, se enfrentará con más dificultades técnicas, por ejemplo, todavía no se ha implementado el sistema de compartimiento de informaciones y carecen de catálogos complementarios y criterios relativos. Todo ésto se tiene que desarrollar y mejorar por los departamentos relativos.

Desarrollar la economía baja en carbono

En 1999, ya entró en China el concepto de la economía baja en carbono, pero sólo en los últimos años se convirtió en un asunto popular en el que la masa se ha interesado. Ahora, al convertirse en un gran tema de discusión el cambio climático, la economía baja en el carbono se ha hecho cada vez más atractiva. China, igual que otros países y regiones del mundo, ha empezado a darse cuenta de que ésta es la dirección nueva del futuro desarrollo económico.

En enero de 2003, el primer ministro británico, Blair, publicó el libro blanco de las energías británicas con el título *"Nuestra Energía Futura, Establecer la Economía Baja en el Carbono"*, señalando que este tipo de economía no sólo es factible en la tecnología, sino también que es razonable en la economía, y finalmente hace que el desarrollo económico se vuelva más seguro, más estable y más próspero. El Programa para el Medio Ambiente de las Naciones Unidas definió el tema del Día Internacional del Medio Ambiente como "abstenerse de los vicios y hacia la economía baja en el carbono", impregnándose esta idea más en la gente. Los países desarrollados, como Japón y Estados Unidos, han propuesto sucesivamente la suposición de establecer la economía y sociedad bajas en el carbono.

La economía baja en el carbono, con la base de consumo bajo de energías, emisión baja y contaminación baja, tiene como objetivo lo bajo del carbono y lo alto del aumento, cuyo desarrollo se realizó por el rápido desarrollo de tecnologías y las restricciones institucionales con el símbolo de la subida del rendimiento energético, el perfeccionamiento de la estructura energética y la racionalidad del consumo. Sin duda alguna, este modelo proporciona un nuevo pensamiento de desarrollo sostenible de muchos países, incluida China.

En diciembre de 2006, el gobierno chino publicó *el Informe Nacional de Evaluación del Cambio Climático*, presentando por primera vez el camino de desarrollar la economía baja en carbono. En junio de 2007, el Ministerio de Ciencia y Tecnología divulgó l*a Acción Especial de Tecnología sobre el Cambio Climático*, proponiendo esta idea otra vez. Los ministros del Ministerio de Ciencia y Tecnología y de Protección Ambiental aconsejaron que China debería acelerar el estudio y elaboración de las estrategias nacionales de la economía baja en carbono.

En septiembre de 2009, el Presidente Hu Jintao señaló en la XV reunión informal de dirigentes del APEC: "el cambio climático es un problema de desarrollo en lo esencial y sólo se puede resolver con la premisa del desarrollo sostenible. Hay que establecer los medios de producción y consumo adaptados al desarrollo sostenible, perfeccionar la estructura

En julio de 2009, se celebra en Beijing "el Foro de Medios del Cambio Climático y el Desarrollo de la Economía Baja en Carbono".

enérgética, impulsar la modernización industrial, desarrollar la economía baja en carbono y construir la sociedad economizadora de recursos y amigable al medio ambiente para responder desde lo fundamental a los desafíos del cambio climático".

En 2008 estalló la crisis financiera en todo el mundo, lo que ha influido en gran escala la exploración de la economía baja en carbono. Y mucha gente se ha preocupado por esta economía, mientras que otra gente cree que la crisis podrá estimular la economía baja en carbono. China no ha cambiado la dirección por la crisis financiera. Para responder al impacto de la crisis, el gobierno chino publicó la política de rescatar al mercado de 4 billones de yuanes, una parte importante de las cuales se dedicó a la consolidación de la construcción del ambiente ecológico y el impulso de la economía baja en carbono.

En junio de 2008, la Comisión de Cooperación Internacional para el Medio Ambiente y el Desarrollo y WWF publicaron en conjunto *el Informe sobre la Huella Ecológica de China,* que indica que en China el 15% de la capacidad biológica mundial y los recursos consumidos por China se han duplicado a los que puede proporcionar su eco-sistema. Es decir, China tiene que promover cuanto antes la economía baja en carbono. Tras tres meses, se formó la Academia de economía baja en carbono de la Universidad de Tshinghua que desplegará estudios sistemáticos y profundos, en torno a la economía baja en carbono, las políticas y estrategias y ofrecerá consejos al desarrollo sostenible de la economía y sociedad tanto de China como del mundo.

El comercio de emisión, transacción pagada de mercado con límites de emisión de contaminantes, es un medio eficaz para controlar la totalidad de los contaminantes. Ahora, algunos países desarrollados y organizaciones internacionales tienen mucha esperanza en impulsar el desarrollo

de la economía baja en carbono por el mercado. Algunos gobiernos chinos también se interesan mucho. En Beijing, Shanghai y Toianjin, se han establecido tres oficinas de intercambio de medio ambiente y clima para desplegar las transacciones de los derechos e intereses. En noviembre de 2008, en la conferencia internacional de transacción de derechos de emisión celebrada por la Academia de Planificación Ambiental del Departamento de Protección Ambiental, se propuso que China tuviera que desarrollar primero la transacción de derechos de emisión de dióxido de azufre del sector eléctrico y tomarla en "el Duodécimo Plan Quinquenal".

Al comienzo de 2008, WWF eligió Shanghai y Baoding como ciudades piloto para impulsar el proyecto de demostración de ciudades bajas en carbono. En el proceso de establecer "la ciudad baja en carbono", Shanghai ejerció investigación y estadística sobre el consumo de energías de las construcciones con prioridad, publicó la situación del

Pusieron en marcha el Proyecto de Desarrollo de Ciudades Bajas en Carbono. Se eligieron como ciudades piloto Shanghai y Baoding.

Medio Ambiente de China

En agosto de 2009, se empezó a establecer el primer pueblo ecológico bajo en carbono en Daping de Peng-zhou, la zona más afectada de terre-motos, de Sichuan. En la foto se ven los lugares de ofi-cinas establecidos por la organización tradicional: la Aldea Global en el pueblo Daping.

consumo de energías, hizo auditorías de energías y subió la eficiencia energética de las grandes construcciones. Bao-ding propuso el concepto de construir "el valle electrónico de China" para construir Baoding verde, la ciudad baja en carbono. Valiéndose de las nuevas fuentes de energía y las bases industriales de equipos energéticos de la región nacional de alta y nueva tecnología de Baoding, se dedicó a establecer los siete parques industriales de: equipos de fotovoltaica, energía eólica y de la transmisión de energía, almacenamiento de energía, alta eficiencia y ahorro de ener-gía, dispositivos electrónicos de potencia, la automatización eléctrica y el software eléctrico.

Los proyectos de ciudades bajas en carbono desplegados en estas dos ciudades piloto han tenido una perfecta influen-cia social. Ahora, además de Beijing, Shanghai, Baoding,

Zhuhai, Hangzhou, Tangshan y otras ciudades numerosas de China, muestran un profundo interés en establecer zonas bajas en carbono. La transformación hacia la economía baja en carbono es el perfeccionamiento completo desde la estructura industrial hasta la energética y la reforma completa desde el método de producción hasta el de vida. La exploración y la prueba sobre la economía baja en carbono se convertirán en la fortuna común de la sociedad humana.